포엠포엠
POEMPOEM

나는 쇼를 멈추지 못한다

2024 Yang Jaegeon

포엠포엠시인선 041

나는 쇼를 멈추지 못한다

양재건 시집

나는 쇼를 멈추지 못한다
목차

- 시인의 말 · 10

part. 1

> 내 어머니 · 15
> 마음 깊은 곳엔 · 16
> 한여름, 조심스레 안부를 묻다 · 17
> 환단고기를 읽던 열대야 · 18
> 나는 이런 사람입니다 · 19
> 밤비소리 · 20
> 장대비 내립니다 · 21
> 티베트 예찬 · 22
> 가을 그림자 짙어져 오면 · 24
> 가을, 바닷가 · 26
> 낯선 곳에서 몽환의 가을을 만나다 · 27

풍년가 · 28
부재不在 · 30
봄이 어느새 달아나고 있다 · 32
그림자 · 33
호포 강둑에 앉아 · 34
서석초등학교 · 35
그대 바라나시에 가 보았는가 · 36
그대와 나 · 38
베로나에 가서 · 39
나의 사막 · 40
열 하고도 아홉 · 42
눈꺼풀 떨려오는 밤 · 44

part. 2

나는 쇼를 멈추지 못한다 · 47
한땐 별이었을지도 모를 · 48
빛바랜 사진 한 장 · 49
동전 한 닢 · 50
돈 나무 은행 · 51
밤을 깎으며 · 52
순명 · 53
시시포스의 숨쉬기 서사徐事 · 54
부엌 이야기 · 56
아침 · 58
바닥 · 59
그리운 그대 멕클라우드여 · 60
시詩의 계단에 앉아 · 62
어디선가 불꽃은 오고 있다 · 63

그대라는 詩처럼 · 64
아네모이Anemoi의 행적 · 66
인생人生 소묘 · 68
마음 우체국 · 70
혹여 부산에 오시거들랑 · 72
눈 내리는 밤 · 73
겨울 우화 · 74
진도 여름 기행 · 76
홍도 기행 · 78
사랑을 끝내다 · 80
부처를 꿈꾸며 공중부양을 하다 · 81
아이들을 보며 · 82
나는 잘 살아왔을까요 · 84
그러나 거짓말이다 · 86

part. 3

몸의 소리 · 89
세렝게티의 바람 · 90
묵상하는 자세로 숨을 쉰다 · 92
구석 · 94
나는 언제나 안녕합니다 · 96
가난한 귀 · 98
빈 방 · 100
표정 하나 없는 그대에게 · 102
고비, 외로움의 현주소 · 104
생각을 생각합니다 · 106
파락호破落戶 같은 꿈들 · 108
전우戰友 · 110
그대, 오늘밤 평안하신가 · 112
봄 같은 사람 · 114

별나무 그늘 아래 앉아 생각해 보니 · 116
그늘 다방 · 118
티베트 · 120
귀소 · 121
내가 쳐놓은 그물 · 122
고백하건대 · 124
그 집 · 126
저문다는 것 · 127
가만히 두드려본다 · 128
난수표를 읽는 밤 · 130
한여름 밤의 꿈 · 132
바르셀로나로 가고 싶다 · 134
詩 한 줄로 찾아오는 봄 · 135
한 편의 슬픈 시가 되어 · 136

● 작품해설
존재의 그늘에 새기는 그리움의 언어 ─ 정훈(문학평론가) · 139

● 시인의 말

지금까지도 나는 나의 바다를 찾지 못했습니다

글라스에 짙은 향기를 담고 맛깔스러운 풍경을 연출하는
한 잔의 포도주 같은 완숙된 숙성을 향해 아직도 나는 진행 중입니다

나의 과묵한 바다는 피톨을 머금은 석류처럼
증오보다 사랑을 키워내며 상실의 날들을 잘 견뎌내고 있을 겁니다

빛과 그림자가 공존하는 세월 속 나의 기도는

아무도 가 닿지 않은 비난과 불신에도 흔들리지 않는 바다,
그 바다를 향해 멈춤 없이 노를 저어 나아갈 것입니다

2024년 가을

양 재 건

part. 1

내 어머니

누룽지 먹던 저녁나절
몸뻬바지 입고 머리에 수건을 동여맨
어릴 적 어머니 모습

서른 살 나이에 홀로되시고
나를 희망 삼아 의지하고 사셨다지

선비 같았다는 아버지는
몇 장의 사진 외엔 남겨둔 게 없지만

철없던 시절엔 아비 없는 설움에
지순한 어머니 사랑보다도
몹쓸 한을 자주도 심었다지

철들어 고생을 알게 될 즈음
가마솥 부엌에서 누룽지 긁어주던
어머니 생각에 가슴 저며 와

나의 황혼녘 뒷전에 그림자 지는
벽오동 같은 내 어머니!

마음 깊은 곳엔

마음 깊은 곳엔
무엇이 숨겨져 있을까
사람들은 아무도 알려하지 않네

그 예전 전설같이
결코 시들어 죽지 않는 영생초가
그곳에 숨겨져 있을까

이곳에 오기 이전의
또 다른 내가
그곳에 숨겨져 있을까

생각의 줄기가
말이 되고 소리 되어 오는 것일까
사람들은 아무도 알려 하지 않네

외로운 아이와 그리운 어머니
그 눈물겨운 이야기가
그곳에 숨겨져 있을까

사람들은 아무도 알려 하지 않네

한여름, 조심스레 안부를 묻다

가까이 함께 하면서도 조심스러워 애만 태울 때도 있습니다
평안과 더불어 건강하시지요. 그래요 평안하시다니
마음 같아서는 업어라도 드리고 싶습니다

언제부터 이곳이 우기가 되었는지
시도 때도 없이 여름비는 하염없습니다
찌뿌듯한 날엔 갈증도 더없이 짓궂은 친구가 되어 찾아듭니다
어젠 철학이 실종되어 오후 땡볕이 기승을 부렸습니다
그럴 땐 묵묵히 그대 생각으로 그 긴 시간을 잠재웁니다

잠결에 가끔 그대 몸속을 흐르는 물소리를 듣습니다
졸졸 시냇물 흐르는 듯 한 그 소리가 꿈길로 이어지곤 합니다
숲 속 여기저기서 서늘한 바람이 몸을 풀고 있습니다
곧 가을이 허리 굽혀 인사를 하러 올 것입니다

계절이 몇 바퀴 바뀌어도 평안함이 내내
그대 마음속 깊이 머물렀으면 좋겠습니다

환단고기를 읽던 열대야

환단고기桓檀古記를 읽던
바람 한 점 불지 않는 열대야
일만 년을 거슬러 오르던 우리네 역사가
반쪽으로 상실된 허전함으로 부글거리던 밤
풍진 세상 풍진 가슴에
일만 년의 지워져 잊힌 역사
찢겨 불살라진 그 역사가 온전히 되살아나
열대야같이 잠 못 드는 풍경으로
대못이 되어 박혔으면 하는 환단고기

나는 이런 사람입니다

사랑하는 그 사람은 친구들 성화로 살을 엘 듯한
에어컨이 켜진 봉고차를 타고
장안사 송림으로 바람을 찾아 떠났습니다

고장 난 에어컨으로 이십여 년이나 된 내 자동차는 언제나 땀 뻘뻘 흘리며 열대 수풀 속에서 헤매고 있습니다
긴긴밤 열대야 속에서 거미줄 가득한 고물 선풍기로 겨우 여름 나기를 하는 내 수준으로 그 사람에게 시원한 바람 한 점 선사하지
못해 가슴이 아픕니다

나는 생각합니다
로댕같이,

내 머리만한 얼음을 사와서 그 사람의 발이라도 씻어주어야 마음이 편안해질 것 같습니다
이따금 바람이 불면 눈물겹도록 반갑고 내게 부는 조그마한 바람이래도 그 사람에게 건네주고 싶습니다

나는 이런 사람입니다

밤비소리

밤비소리에 귀가 크게 열립니다
비의 숨소리 발걸음 소리까지
가슴을 열고 들어옵니다

배란다 한구석 세탁기는
빗소리에 발맞추어
쾅쾅 빙빙 잘도 돌아갑니다

내 몸에서 빠져나간 또 다른 내가
그 속에서 헹구어지고 맑아지고 있습니다

바퀴벌레까지 귀 쫑긋하며 꼼짝 않는
빗소리 요란한 밤

소파에 두 다리 뻗고 누워
유리창 너머 밤비의 꿈결 같은
소나타 연주곡을 하염없이 듣고 있습니다

잠으로 가는 길목에서
나도 어느새
안과 밖에서 헹구어지고 맑아지고 있습니다

장대비 내립니다

꼭두새벽부터 장대비 내립니다
이렇게 하면 속 시원하냐 하며
으스대듯 내립니다

숨도 제대로 내쉬지 못하는 강바닥을 위해
시름의 눈길로 창밖을 내다보는 환자들을 위해
너희들 울음 쌓느라 애쓰고 애썼다며
으스대며 장대비 시원하게 내립니다

하나에도 벅차고 지키기 힘든 사랑도
장대비 같이 와~하며 몰려와도 좋을 것 같습니다
여름은 이래서 좋고
장대비도 이래서 더욱 좋습니다

티베트 예찬

거친 세파에 맞서 견뎌온 티베트
은자隱者들이 모여 살고 있는 곳이다

나보다는 인류의 행복을 기도하는
성자聖者의 땅, 그 티베트를 사랑하자

모기 한 마리도 환생한 어머니일지도 모른다며
사나흘 경고한 뒤 모기향을 피우는
그들의 믿음 또한 사랑하자

7세기 장족의 나라를 세운 송첸캄포를 사랑하자
해발 3,650m에 자리한 신의 땅 라싸도 사랑하자
티베트의 젖줄 창포강도 사랑하자

포탈라 궁과 달라이 라마, 오체투지와 마니차
색색 가지 쌀들로 만들어지는 만다라 의식도 사랑하자

네팔이며 인도로 망명길 떠난 이 나라 사람들도 사랑하자
맥그로드간즈라의 망명정부도 사랑하자

인류 정신의 허파인 티베트여!

둔황 석굴 천장 바람무늬처럼
드센 바람과 어둠도 감내하는 혼불이 되어라

가을 그림자 짙어져 오면

갈색 바람 이는 어스름 사이로
가을 그림자 짙어져 오면
몸서리치는 쓸쓸함으로 나는 몸살을 한다

가슴보다 먼저 계절의 풍경 사이로 설움같이
가슴 치며 차오르는 것은 그리움이다

가을이 내려다보이는 창가로
나그네같이 찾아드는 외로움에
뜻 모를 한숨 한 모금 눈물방울같이 떨구며

보고 싶은 네가 내 곁에서
뜨거운 숨결로 머물고 있을 거라는 상상을 하면
어느새 텅 빈 가슴속으로
낯선 그리움들이 제집같이 몰려와 있다

마음 하나 둘 데 없어 산천을 구비 돌다
이제야 남루 되어 찾아든 가여운 사람 하나
거친 손바닥으로 한없이 내 가슴을 두드리고
그러면 그가 나 같아서 또다시 가슴이 아려온다

짙은 외로움들이 달아날 틈도 없이
또다시 가슴을 채우는 그리움의 모습들은
가을아, 네가 가져다주었느냐?
몸서리치는 쓸쓸함으로 나는 또 몸살을 한다

가을, 바닷가

가을 바닷가에 어둠 내리면
바다를 보러 온 그대를 위해
기꺼이 전어회 한 접시 되어도 좋으리

추억을 더듬는 그대의 눈가를 따라
단심丹心같이 노을빛 되어도 좋으리

마침내는 그리움에 목 타는 그대를 위해
진한 한 잔 술 되어도 좋으리

가을 바다는 수줍은 가슴 불태우며
그대를 위한 무엇이든 되라하고

노을은 벌써 가을 바다를 붉게 물들이며
추억으로 빠져드는데

드디어 별 가득한 밤 찾아들면
눈물 한 방울 되어
그대의 고운 뺨 위에 여울져도 좋으리

낯선 곳에서 몽환의 가을을 만나다

낮은 산등성이 아래
나뭇잎 떨어져 내리는 가로수 길을
일몰 전, 텅 빈 교정 거니는 듯 한 이 순간이
나의 전 생애였으면 좋겠다

낯선 곳에서 만난 가을
먼 길 가는 길손 제 갈 길도 잃고
몽환 속으로 뛰어든다

예전에 있었던 것들이
시나브로 몰려와 머문 듯
세월 저편 젊은 어머니 분 냄새마저도
풍경 속에 녹아 향기롭다

노을빛이 어느새 어깨를 적시고
온 우주가 이곳에 내달려 내려온 듯
계절은 어느새 황금빛 설렘으로 가득하다

수더분한 여인네
살랑거리는 가슴 엿본 듯
낯선 곳에서 몽환의 가을을 만난다

풍년가

삶이 노래가 되는 풍경
보고 싶지 않은가

계절이 비켜 간 푸르디푸른 하늘
높고도 높아 마음 쾌청한 날

푸른 솔같이 자란 큰아이
장가들 날 가까워져 오고

결실을 이룬 농심이
이마에 흐른 땀을 추스르는 풍경
환한 미소로 함께 보고 싶다

하늘을 향한 감사의 마음들이
황홀한 꿈 되어 땅을 적셔주면

삶은 이따금 노래가 되어
한없이 주름진 이마 다독여주며
세월에 찌든 시름들 다 날려버리리라

땀 흘려 낳은 곡식들같이
가슴 따뜻한 청년으로 자라준

큰아이가 어깨 감싸며
풍년가로 화답하는 만추晩秋

부재不在

나의 부재를 알리는 깃발이 오르자
째깍째깍 앉은뱅이 시계가 어느새 멈추어버렸다

까치놀이 철골 교량 아래 파도와 입맞춤하고
물결이 등을 돌리며 해안으로 발길을 옮기면
가끔 두고 온 것들이 끼룩끼룩 소리 내어 울기도 하였다

애절한 눈길로 애간장을 태우시던 어머니는 바닷새가 되셨다

쇠고랑 차고 긴 칼 찬 순경을 따라간 아버지는 오리무중이다

바다 위에서의 시간은 언제나 긴 침묵으로 열병을 앓고
사랑은 붉은 가슴으로 하얀 물거품이 되어 전설로 남았다

사랑으로 달구어진 씨알들이 바다를 키웠다고
물푸레 가슴 간직한 어머니는 불멸의 이름으로 살아계신다

거꾸로 선 바다의 밑구멍으로부터 흘러나오던 하혈을 본 날
나의 부재가 시작되었음을 아는 사람은 없다

날개가 찢긴 철새가 교량 아래서 겨울나기를 시작한다

나도 시간에 덧칠하며 긴 침묵으로 부재를 시작한다

나의 부재에 관하여 하고 싶은 말씀 있더라도 삼가실 일

봄이 어느새 달아나고 있다

계절을 쓸어내는 빗자루 소리 요란하더니

목련 향기 은은한 봄 언저리
삭풍으로 벚꽃이 지고 있다

봄의 어느 날, 신방의 불도 지워지고
가슴 속 서러움이 빛의 경계를 넘어선다

살 내음 가득한 밀어의 흔적 발라내며
햇살이 출구를 찾아 계절의 건반을 깨부수고 있다

뜬눈으로 잠들기 전
무사히 무릉도원에 도착할 수 있을까

바람결에 햇살은 직립으로 걸려 있고

그리운 것들은 그리운 대로
지는 꽃잎 아래로 슬며시 나뒹구는데

서러움에 들썩이는 어깨너머
봄이 어느새 달아나고 있다

그림자

빛의 건너편
겨우 목 내미는 그림자

어둠이 내리면
여린 불빛에 그을려
짙은 고독으로
몸 낮추지만

마른하늘 목 타는 듯
비라도 내리면
보이지 않는다

어디로 갔나
그림자

호포 강둑에 앉아

잠시 쉬어간들 누가 뭐라고 하겠습니까

강바람이 소슬히 불던 그곳에서
거친 세월 다듬듯 파와 미나리를 다듬던
아낙들의 모습은 한 폭의 수채화 같았습니다

천 원어치의 미나리를 듬뿍 건네며
인정은 이런 거라는 듯 콧노래로
흥을 돋우던 아낙들의 미소도 예술이었습니다

딸아이가 방학이 끝나 광주로 떠날 때
딸아이를 배웅하고 우리 내외가 들렸던 호포는
양산까지 도시철도가 연결되기 전만 해도
허전한 마음을 메워주기에는 정말 적당한 곳이었습니다

호포 강둑을 그려보면
지금은 옛 사연이 되어버린 사북의 폐광이
생각나기도 합니다
그리운 것은 어디서나 아쉬움으로 남겨지듯
누구든 그런 시절이 그립기만 하면
한 번쯤 그곳으로 가보아도 좋겠습니다

서석초등학교

그대 그리움의 조각을 찾아
설렘으로 찾아간 서석초등학교

그대 눈가에 어린 시절 추억들이
하나씩 이슬같이 맺히고
벙긋거리는 입술에 지긋이 봄빛 내려앉는다

그대 가슴 뛰기 시작할 때쯤
그곳에 그대 유년의 싱그러움
머물고 있음도 알겠다

풍금 소리 어디에선가 들려오는 듯
사방을 둘러보는 그대 몸짓이
꽃봉오리 피워 올리는
꽃대의 떨림 같음도 알겠다

멍하니 주변 나무들 사이에서
어느새 훌쩍 커버린 풍경 헤아리며

서석초등학교 오 학년
어느 봄볕 속으로
그대 내달려가고 있음도 알겠다

*서석초등학교: 광주광역시 동구 제봉로 82번길 26

그대 바라나시에 가 보았는가

유월 우기 속으로 끝없이 비가 내리고
안개 자욱한 강가로 이따금 햇빛이 스며들면
生과 死가 함께 어울려
聖스러운 강물을 타고 흘러가는 곳

수 킬로미터 이어진 사원 아래로
시바 神을 외치며 강물을 길어 올리고
정화의 능력으로 요동치는 물결 속으로
天國을 꿈꾸며 몸을 누이는 곳

윤회의 사슬을 끊기 위해
죽은 이들이 제 몸을 태우러 찾아오고
神들의 거리를 돌고 돌면
어느덧 신들과 어울려 천국의 문을 향해
바람이 되어 강가를 휘도는 곳

다시 태어나는 인생은 더욱더 괴로운 것
승려들은 천국으로 가자며
이곳에 모여 끝없는 기도를 한다

장작더미 위에서 태워지는 저 주검 속으로
강물이 꿈이 되어 昇華하는 곳

괴로운 생의 이음
그 윤회의 사슬을 끊을 수 있는 곳
노을이 지는 저녁이면
더없이 하늘이 아름다운
그대 그 바라나시에 가 보았는가

그대와 나

아이들이 허물을 벗듯 자리를 비운 집
그 집에 갇혀 거미줄을 걷고 먼지를 치우며
그대와 나 추억을 먹고 살고 있습니다

집 위로 밤새 떠 있던 별들은
언제나 따뜻했고
그대는 나의 영원한 사랑 밭이었습니다

한땐 서로에게 별이었을지도 모를 그대와 나
저물어 비 갠 오후 숲길같이
외로이 남겨집니다

아이 셋을 낳아 허물어진 그대 몸 위로
돌탑 하나 세월을 쌓아 놓여 있습니다

그 탑 위로 하얀 서리꽃 무리 지어 내리어
훈장같이 눈부십니다

무료한 시간 틈으로
햇살도 되돌아서는 텅 빈 집
그 집에 갇혀 그대와 나
우물 하나 파고 있습니다

베로나에 가서

여름엔 곤돌라를 타고 베로나로 가서
늙은 검투사들을 만나 볼 것이다

그곳에서 베르디의 아이다를 감상하며
소프라노 여가수의 노래도 들을 것이다

앞치마를 걸치고 저녁을 준비하는
나이든 줄리엣도 만나 볼 것이다
그 곁 구레나룻 그득한 로미오와도 술 한 잔
나누어 볼 것이다

밤이 찾아오면 아디제 강가로 가서
사랑에 취해도 보고
밤새 세레나데를 목청 높여 불러 볼 것이다

그러고도 아쉬움 남았다면
강에 기대어 울어도 볼 것이다

마치 베로나가 이 세상 끝인 듯

나의 사막

무덥던 기억을 잠시 식혀주려고 비가 내렸습니다
그사이 잠시 주춤하던 생각들이 또다시 분주해지고
나는 불현듯 사막을 그리고 있었습니다
나의 어깨가 힘든 낙타를 위로하고 사막여우는 잠시 자리를 비웠습니다

어린 나는 언제나 실수를 하고 그 실수로 자라서 어른이 되고
거짓말쟁이의 친구가 되고, 여기는 거친 모래바람 속 사막입니다

지금 나는 예닐곱 살에서 떠도는 부평초에 갇혀있습니다
이따금 생각이라는 것이 가까운 곳도 아니고
예상치도 못한 먼 곳으로 나를 데리고 주유하듯 합니다

낙타의 등에 실려 고비를 넘었을까요
잿빛으로 변한 밤하늘이 몹시 서럽게 제등을 훑고
어린 왕자처럼 나는 홀로였습니다
사막여우는 어느새 내 곁으로 다가와 나의 근심을 함께했습니다

빈집을 지키듯 사유의 숲은 적막 속에서 고단한 하루를 힘

겨워했습니다
 탈출을 도모하던 작은 잎 하나가 겨우 만든 틈새에서 나의 손을 잡았습니다

 자유란 때로 질서를 교란해 해방감이 들지만
 곧 내면 깊이 잠겨오는 혼돈으로 외로움에 갇히기도 합니다
 갈 곳이 마땅치 않아 골목길 계단에 엉덩이를 쉬게 했습니다

 골똘한 생각이 분주히 길을 만들고 나는 또다시
 지친 낙타를 끌고서 사막을 거닐고 있었습니다
 예닐곱 살의 고비를 넘지 못한 나는 늘 그러듯 실수를 하고
 거짓말쟁이의 친구로 남겨져 있었습니다

 생각의 줄기 끝에 번데기처럼 매달린 나의 사막은 아직도 적막입니다
 지친 낙타가 힘든 나의 어깨를 위로하고 나는 자리를 비웠습니다

열 하고도 아홉

열 하고도 아홉이니
이젠 나오너라

해가 서산으로 지니
그림자도 적당히 옅어지고
콩닥거리는 가슴 소리도
지는 해만큼 줄어들었으니
이젠 나오너라

저녁 식사 전
마실 이라도 갈려면
얼굴에 분이라도 발라야지

너 키만큼 가슴도 컸으니
무엇이 부끄러우냐

열 하고도 아홉이니
남산만큼 커진 엉덩일 흔들며
열 하고도 아홉임을
동네방네 알려야지

저기보아
저녁노을도 얼굴 붉히며
어깨 흔들고 나와 있잖니

어디선가
씨 여무는 소리도 들려오지 않니

눈꺼풀 떨려오는 밤

보푸라기 일 듯

잊힌 것들이 가득 물려와 피어오릅니다

어둠을 꿰뚫는 바람은 낙엽 밟으며

달빛 교교히 흐르는 길 위로 머뭅니다

어디에도 보이지 않는 소중한 것

무심히 튕겨 올라 되돌아왔으면 하지만

천만번 되짚어 보아도

너무나 멀리 떠나와 있습니다

수만 번씩 들숨 날숨 하는 날들 뒤로

그대 또한 어디에선가 낯선 그리움 되어 있겠지요

파르라니 눈꺼풀 떨려오는 밤

연무 속에서 길을 잃고 헛된 망상과 씨름하는

붉은 동백 같은 서사敍事를

바람이 곁에서 지켜보고 있었습니다

part. 2

나는 쇼를 멈추지 못한다

자동밥솥으로 밥을 안치고 전업주부 흉내를 낸다

예전에 꾸었던 꿈들은 시효가 지나 면죄되었지만
못난 꿈을 꾼 죄의 흔적은 지우지 못한다

가슴으로 우는 것도 부끄럽다
울음으로 어깨에 지워진 빚만 해도 서너 채 집값은 된다

사랑도 병인가, 돈 탓에 찢어진 가슴 들여다보며
이십 년간 전봇대에 머리 쥐어박고
저승으로 간 친구를 끝내 구하지 못하였다

한땐 사랑에 묶여 스무 달을 보내던 아이에게도
등 한 번 안아주지 못하였다

그 나물에 그 밥, 나도 그에 못지않다

멋진 쇼를 보여주겠다며 기다리란 소리만 연발하다
삼십 년을 까먹었던 나를 용서해 준 그녀에게
기다리란 소릴 끝내 멈추질 못하였다

뻔뻔스럽지만 나는 쇼를 멈추지 못한다
자동밥솥에서 밥이 낄낄거리는 소리를 내고 있다

한땐 별이었을지도 모를

아주 멀리멀리 잊혀가는
그리운 시절과
이젠 꿈만 같은 못 잊을 아이

차가운 겨울
외로이 떨고 있는
그런 별이어도 좋은 듯

어둠이 내리는 언덕에 앉아
아이가 무슨 생각을 했는지
알 순 없지만

지금은 그 아이 찾을 수 없어
눈물겹기만 한

별 하나의 기억과 그리움
별 둘의 소녀와 설렘
그리고 별이 되고 싶어 했던 아이

별의 꿈만 꾸던
그 아이를 잊지 못한다

작지만 찬란했던 꿈
그 별들과 함께

빛바랜 사진 한 장

첫아이 안긴 빛바랜 사진 속
상큼한 미소로 웃음 짓는 그대를 본다

딸아이가 장롱을 뒤져 오래된 사진첩에서
골라낸 사진 한 장, 나를 울리는구나

천사 같은 그대 늘 곁에 두고서 그때의
그리운 마음들이 지금은 어디로 숨어버렸을까

젊은 날 불같던 사랑
모두 다 까마득히 잊고 살았구나

이제라도 그대를 다시 한 번 뜨겁게 사랑하면 안 될까

뜨거운 눈빛으로 그대를 바라보고 싶은데
그렇게 잊고 살아온 세월 속 저 빛바랜 사진 한 장
내 가슴을 저미게 하는구나

그러나 거울 앞에서 화장을 하면서도
내겐 눈길 한 번 주지 않는데

동전 한 닢

교회 가는 길에 주운 동전 한 닢
그냥 주머니에 넣어두고 생각합니다

작은 기쁨에 감사하지 못한
지나간 날들이 부끄러움으로
주머니 속에서 꼼지락 거립니다

동전 한 닢의 심정으로
그런 모습에도 따스한 눈빛
보내주셔서 감사합니다

때가 되면, 잃어버린 동전 한 닢으로
또는 버려진 동전 한 닢으로 기억되며

아무튼 지금은
아무도 거들떠보지 않는
그런 동전 한 닢이

교회를 향해 가는 길 내내
주머니 속에서 꼼지락거립니다

돈 나무 은행

광안리 해변 산책길 노변에
줄지어 있는 돈 나무 은행을 아시나요

경비원도 직원도 없이 허술하기 짝이 없지만
아무도 함부로 돈을 가져가지 않습니다

매주 쌓아놓은 로또가
산을 이루어도 돈 소식은 요원한데
나는 매일 산책길에서
돈 구경하며 입맛을 다십니다

파릇파릇하고 걸쭉하게 생긴 돈 나무에서
돈 냄새를 팍팍 풍기면
밤새도록 그 향기에 젖어있어도 좋겠습니다

그러나 돈 나무에 새 들꽃이 필 때
야릇한 똥냄새가 나는 연유는
아직 알지 못합니다

밤을 깎으며

친구네 하늘가게 떡집에서
밤을 깎습니다

내 음울한 삶을 걷어내며
밤이 하얗게 속살을 드러내면
마냥 부끄럽습니다

99%를 하늘의 일로 바친다는
친구는 언제나 이슬처럼 해맑아

친구의 하늘빛 눈가를 따라
모난 내 얼굴이 둥글게 깎여지면

헤집어 새롭게 기워진 가지가지 사연들이
맛깔스러운 떡으로 변하고

구름 위에 한바탕 전을 펴면
까치도 다녀가고
먹성 좋은 하늘 친구들도 줄을 섭니다

손톱을 깎듯 아린 상처들을 깎아내면
나도 속살 하얀 밤 하나 되어
하늘을 향한 사다리를 오르고 있습니다

순명

숨을 쉰다는 것은 우주를 삼키는 일
그렇게 믿고 살아왔지요

별의 꿈만 꾸며 자란 나에게
내일을 가르쳐준 소크라테스도 플라톤도 없었지요

언제나 어제를 일깨워주시던 저 먼 별나라 어머니
오래된 기억처럼 잊혀 있는 아버지
그런 혈족 뒤로 나는 홀로 별이었지요

어지럽고 혼탁한 야누스를 닮은 세상에서
비록 반짝이며 빛을 내어보진 못하였지만

가벼움으로 펄럭이는 세상
조금만 분노하는 소크라테스를 닮아가고 있었지요

스쳐 가는 바람결에도
조금만 절제하는 플라톤을 닮아가고 있었지요

유성이 지나간 자리엔
안부 같은 흔적 하나쯤 남겨진 듯해도

그림자 지우듯 휭하니 쓸고 간 그 텅 빈 자리에서
오랫동안 침묵했었지요, 한땐 별이었으므로

시시포스의 숨쉬기 서사徐事

미세먼지가 고압선같이 흘러간다

뭔가를 두고 온 듯 갑갑하지만
미세먼지 없는 날은 억압에서 해방되는 날이기도 하다

마스크가 만병통치가 된 괴기한 세상
어디 하나 성한데 없는 시시포스에게도 마스크는 필수품이다

숨쉬기 힘든 이들에게 묻는 모든 질문은 비공개로 했으면 좋겠다
오늘도 시시포스는 비탈진 구릉을 힘겹게 오른다

목에 걸린 가시처럼 숨 언저리 압박같이 다가오는
저 내밀한 공포의 존재에게 끝없이 굴종하며 사막처럼 고요한 시간
몸으로 흐르는 물길 따라 꽃보다 붉은 하루가 쉽게도 저문다

코로나까지 겹쳐 전쟁의 서막 같은 이 험난한 시절
시시포스가 공중부양이라도 한 번 꿈꾸어 봤으면 좋겠다

가슴을 짓누르던 몽환적 생각들이 정신을 놓으면
자작나무 숲에 하얀 눈송이들이
시시포스의 몸 위로 마침표처럼 떨어져 내린다

부엌 이야기

어머니 떠나신 지 육 년이 지나고 막내딸이 첫 월급 타오던 날,
아내는 어머니의 부엌 이야기를 들려주며 눈물을 흘렸습니다

일찍 홀로 되시어 유복자인 외아들에게 정성 들여 밥상을 차려주시며
아들은 며느리에게 내어주어도 부엌만은 내놓기 싫으셨나 봅니다

어머니의 분신 같은 부엌 너머 그 곁가지만 내 돌던 아내는
편두통을 앓으며 아이가 셋이 될 동안 이웃에 마실 나가 있었습니다

적막한 풍경의 저녁이 몰려올 때면
재잘거리던 그릇들과 조리된 음식들도 서로의 어깨를 감싸며
부엌 창을 통해 조그마한 어머니 등에 하얀빛이 보푸라기같이 떠돌았습니다

저물지 않는 나라의 거인 같던 어머니의 키도 세월 따라 조금씩 낮아지고

세 아이 모두 도시락을 싸야 할 나이쯤
어머닌 무릎을 바닥에 꿇으시고 마침내 거실로 나오셨습니다

그제야 부엌과 인사를 나눈 아내는 밤이면 끙끙 몸살을 앓았나 봅니다
어머니의 분신 같은 부엌 이야길 들으며
부엌이 마치 살아있는 어머니 같이 느껴져 저도 눈시울을 적셨습니다

아내의 눈망울에 그리움이 맺힐 즈음
부엌 창을 통해 고개 들이미는 노을빛과 어우러져
어머니와 부엌이 서로의 등을 두드려주고 있었습니다

아침

보았는가 빛이 오는 길을,
들었는가 꿈이 사라지는 소리를,

아침은 신기루같이 그렇게 온다

두 손을 뒤로 당기고, 가슴을 내밀면
눈으로 귀로 아침은 새벽이슬같이 그렇게 온다

겨드랑이 사이로 밤새 돋아난 비늘을 털고
간밤 꿈과 잠의 흔적들 사방으로 치우며

아침은 새색시같이 그렇게 온다

그 길목에 머리 들고 서 있으면
어김없이 매만지고 등 떠밀며 함께 가자한다

아침은 나팔수같이 그렇게 온다

바닥

불안은 어디에서 오는가
나락에 떨어지듯 바닥에 앉아 바닥을 본다
그 심연의 깊이는 알 수 없어도
더 내려갈 곳이 없을 바닥에 곰팡내가 난다

누군가는 이곳에서 생을 마감하였을 것이고
누군가는 빛도 없는 구석에서 떨고 있었을지도 모른다
차이콥스키 협주곡처럼 낮게 깔린 바닥엔 지친 자들이
유서를 쓰듯 벽은 냉기가 서려 차갑다

응달 속 바다을 벗어나 지상에 서면
따스한 햇볕 대신 된서리를 몰고 오는 바람을 만날지도 모른다
삶이란 평온보단 불온이 더 많고
생은 평안보단 불안이 더 많은지도 모른다

그래서 하늘을 바라보는 날보단
땅을 보며 사는 세월이 더 많은지도 모른다
바닥에 앉아본 이들의 가슴속에 이끼처럼 존재하고 있었을
불안이 벽을 타고 잠언처럼 숨겨져
시간에 박제된 듯 바닥에 널브러져 있다

바닥을 제대로 보는 일은 쉽지가 않다
오늘도 바닥에 앉아 나락에 떨어진 바닥을 본다

그리운 그대 멕클라우드여

멕클라우드여
목 놓아 부르는 올드랭사인
애절한 이 노래 소리 듣고 있는가

계절 너머 봄볕 그리며
나물 캐는 꿈을 꾸고
봄바람 속에 눈 감으면
그곳에 그리운 그대 모습 있겠지

그러나 멕클라우드여
지금은 모진 바람의 계절
모든 것이 낙엽같이 추락하고 있지

그리움도 그렇게 낙엽 진 숲에서
아무렇게나 버려져 널브러져 있네

멕클라우드여
그러나 그댄 죽을 수 없지

하이랜드의 전사여
꿈길을 따라 주술 같은 목소리 들으며
그댄 낙엽을 털며 일어설 거야

올드랭사인
애절한 이 노래 목 놓아 함께 부르며

그립다고 말하는 너와
그리웠다고 말하는 나와
그리고 그리운 그대 멕클라우드여

시詩의 계단에 앉아

무료하구나. 너를 잡고 씨름하는 것도
동이 트면 떠나갈 사람은 붙잡아도 떠나고
그리움도 지쳐 봇짐을 준비할 것이다

이별이 눈앞에 있어도 아무런 자책이 없는 게
사람의 일이란 본래 그런 것이란 통설 탓일까

아이들이 애지중지하던 강아지들도
세월을 이기지 못해 품을 떠난 지 오래다
마지막 남은 한 마리 십구 년을 견디며
식탐에 빠지고 배부르면 잠만 잔다

사람 또한 그러할지도 모를 일이다
무엇으로 사느냐고 그들에게 물어준다면
아주 맹목적으로 접히지도 접을 수도 없어
그런다고 말해줄까

무료하구나. 식탁을 앞에 두고 수저를 드는 일도
생업에 절어 날밤 없는 사람은 졸음운전으로
무고한 사람들 저승으로 보내고도
버젓이 식탁에 앉아 수저를 든다

오늘도 무료하게 너의 계단에 앉아있다
너도 무료하지 않느냐

어디선가 불꽃은 오고 있다

쓸쓸함이 쓰나미처럼 떠밀려 와
어느 날 갑자기 불꽃이 그리웠다
그래서인지 오늘은 심히 무료하다

그래서일까
평생 떠올리지도 보지도 못한 불꽃같았다던 그 아버지
꿈에서라도 뵐 수 있었으면 하고 불현듯 생각했다

아마도 그런 생각은 피고 지고가 없는 연륜을 넘어
덧없는 생을 잠시 되돌아본 무료의 탓일 거다

서슴없이 불꽃을 태우리라 던 그 노래들은 어디로 갔을까
외롭지 않으려고 불꽃 속에 뛰어든 불나방들 어디를 향해 사라졌을까

꺼지지 않을 듯한 불꽃도 언젠가 소리 소문도 없이 꺼져 감을
어찌 몰랐을까

그래도 어디선가 불꽃은 오고 있을 거다
그런 불꽃이 한줄기 빛같이 내게로 향해 오고 있을지도 모를 일이다

불꽃이 그리웠다
그래서인지 불꽃같았다던 그 아버지도 함께 그리웠다

그대라는 詩처럼

그대가 죽는 꿈을 꾸었다
떠도는 소문처럼 그대가 불치병에 걸렸단 말인가
그대가 살아생전 행복했을까

그대가 소생한다면 과연 행복해할까
상한 계절을 살아서 불행했다고 해도 행복했을 것을

그러나, 꿈은 언제나 무책임해서
그대가 죽었다고 믿을 수는 없다

실패한 그대가 초원을 거닌다
푸른 하늘과 신선한 바람이 그대의 친구다
그래서 그대는 불행하지는 않다

사랑, 그리고 그리움이란 통속적인 낱말이
우울함에 빠져있는 그대를 가만히 불러내었다

그대와 함께한 세월 동안
그대와 우리와의 관계는 편안 했던가

누군가를 보내고 돌아선 새벽
꽃송이 대신 마른 눈물이 배달되는 시간이 되면

이웃 강물은 숨은 가슴을 열고
바람이 불고 나뭇잎이 흔들리고 숲이 깨어나

인간들은 깊은 잠에 들어
그대라는 詩처럼 신비로운 꿈을 꿀 수도 있었겠지

꿈이란 말은 수밀도같이 가슴을 데워주는 반가운 말
그 꿈을 좇아 시심을 담는 이들도 생기겠다

사랑, 그리움과 함께한 마음들
그대라는 詩, 그 거룩한 이름으로 되살아났으면

아네모이Anemoi의 행적

하늘 어디에서 누군가 입김을 불어 만들었을까
바람으로 숨을 들이쉬고 내쉬는 사이
바람의 생각이 궁금해진다
그런 궁금증이 없다면 바람은 쓸쓸하기도 했겠다
벽을 앞에 두고 바람은 잠시 망설인다
애써 높이뛰기 하듯 벽을 박차고 뛰어오른다
바람의 손이 몇 개인지 상상이 가지 않는다
바람의 가슴속엔 무슨 사연들이 숨겨져 있을까
수선화 같은 사연들일까
비를 머금은 골목길 사연들일까
낯선 그림자 같은 사연들일까
가시에 찔린 바람의 상처가 허공을 건너뛰어 오른다
텅 빈 저녁이 쓸쓸함을 몰고 오듯 바람의 어깨가 무거워 보인다
추락한 것들에게는 바람의 숨소리가 담겨 있을까
바람이 지나가는 길목에는 고통과 슬픔도 숨겨져 있을까
밤의 혈관에는 수천 년을 건너온 전설이 흐르고 있을까
계단을 힘들게 오르던 바람이 먼 바다를 꿈꾸었을까
어디에도 가지 못하는 걸음을 자책하였는지
바람은 고개를 돌려 지금껏 달려왔던 길로 되돌아간다
바람이 순진한 눈길로 지금도 그렇게 오가고 있다

바람의 나이를 가늠하긴 힘들지만 구름을 이고 오는 건 확실하다
　바람이 피아니스트 손길로 숲을 건드리며 은밀하게 접근하면
　숲은 어느새 나뭇잎들의 흔들거림을 신호 삼아 백열전구처럼 환해진다
　거실 천장 불을 끄고 조명을 켜자
　미세한 먼지들이 보푸라기같이 날아다닌다
　이곳까지 바람이 내밀히 들렀음이다
　바람의 끝 간 데 없고 종잡을 수 없는 행적,
　끝내 알 길이 없다는 통설을 믿어야겠다

* 아네모이(Anemoi) : 그리스신화의 바람의 신

인생人生 소묘

 돌아오지 않는 이야기는 뜬 눈으로 밤새운 긴긴 날들의 서사다
 미명을 밟은 새벽에 누군가는 자지 않고,
 거친 일상의 하루는 마감도 없이 제풀에 몸져누워 있다

 무더위가 기승인 오늘 낮엔 슬픔을 몰고 온 듯한 붉은 꽃들을 말끔히 치워야겠다
 간밤의 꿈들은 제대로 활주로에 안착도 못 한 채 지워졌다
 통곡처럼 나부끼는 세월 속에 언제쯤 지식을 쌓아 반듯한 성 하나 세울 수 있을까
 나의 활주로는 비상을 꿈꾸기엔 턱없이 짧아서 매번 넘어지기 일쑤다
 절벽처럼 고요한 일상이 늘어 터진 발걸음만 남기고 통곡처럼 쪼그라들었다
 나이 든 여인처럼 아름다운 고택에 나를 데리고 가고 싶다
 오래전 꿈처럼 낯선 이름들이 영문도 없이 찾아들어 날개를 달고 깝죽거린다
 거실 창을 열면 먼 숲에서 황조롱이 울음소리가 소문같이 쓸쓸하게 들려온다

 긴 터널을 빠져나가는 외마디 비명소리에 밤이슬에 젖은 심장이 요동을 친다

오래된 기억들이 거미줄처럼 널브러지고 밤의 아궁이 속으로 드디어 사그라진다
　같은 생각이라 믿었던 이웃들을 향기를 퍼트리지 못한다며 선 밖으로 밀어내 버렸다

　가는귀가 멀었는지 더 이상 탐방을 멈춘
　동백꽃 닮은 우리네 삶이 그 곁을 맴돌듯 서성인다

마음 우체국

마을 속 교회 길 지나
불교 포교원 거쳐
성당 가는 길로 난 숲길 오르면
마음 밭에 아담한 우체국 하나

하늘이 내려앉은 듯 흐린 날
가슴 귀퉁이에 웅크리고 있는
무거운 마음 조각들 떼어내
광주리에 가득 담아 우체국으로 향하네

숲길 지나 산속 개울가의 물줄기 만나니
흐린 마음 있으면 조금 떼다가
제 흐르는 몸속으로 흘려보내라하네

숲속 뛰어다니던 청설모들과
나뭇가지 사이 날아다니던 까치들도
흐린 마음 있으면 몇 조각 떼어놓고 가라하네

실로폰 소리 가득한 우체국
솔 향내 풍기는 아가씨가
무거운 마음 조각들
반갑게 받아들며 방긋 웃음 띠네

하늘이 내려앉은 듯한 날
마음 밭에 우체국 하나 두고 있어
흐린 날에도 무거운 마음 전혀 두렵지 않으니

혹여 부산에 오시거들랑

혹여 부산에 오시거들랑
부평동 깡통시장엘 들러
양산집 돼지국밥 한 그릇 먹어보시라

바쁜 걸음에 잠시 쉼의 시간 가지기에도 넉넉하고
뚝배기 그릇까지 울림으로 가슴에 담기는
육수의 단맛까지 함께 느껴보시라

맛에 취해 고기를 더 달래도 거리낌 없이 주는
삼 대째 이어오는 젊은 사장의 넉넉한 마음이
공동체 사회를 이끌어가도 될 큰 가슴을 지녔음을 짐작기도 해서

한땐 문학 소년이었을지도 모를 젊은 사장이
선대의 가업을 대를 이어 가기까지
얼마나 많은 생각과 숙려를 했을까

피난 시절 국제시장 한편에서
배고파서 먹었던 돼지국밥

그땐 맛도 모르고 배가 고팠을 뿐
유년의 흔적과 큰고모님의 포목상도 그곳에 있었다

눈 내리는 밤

묵은 장맛 같은 성모상 곁에
신심信心이 촛불처럼 일어서는 밤

교회 첨탑엔 축복의 흔적 남기며
눈이 쌓이고 교회를 나와
집으로 돌아오는 그대 발걸음 소리
어느새 풍금 소리 되어 다가온다

그대 묵음默吟의 기도 소리
골목길 돌아 눈발과 뒤섞이며
두둥실 떠돌다 내 귀를 두드리고
저벅 걸음으로 계단 오르는
그대 발걸음만큼 가벼운 그대와 나

조금씩 눈꺼풀 내리깔며
뜨거운 기도 속에 젖어들면
그대 기다리는 시간 내내
그대와 나의 왕국에도
하얗게 눈꽃 머물러
새벽 종소리처럼 축복이 쌓여온다

겨울 우화

독감 주사를 맞고
마스크를 쓰니 겨울이다

두서없이 둘러본 겨울 풍경은
암울한 삼류 흑백공포 영화

계절도 잊은 흡혈 모기와
악령에게 목덜미를 물린 듯한 사람들
등골 빼먹는 아귀 흉내에
서부영화 총잡이들보다 못한 비리 투전판

세모의 밤 내내 이리저리 뒤척이다 거리에 서면
머리 위를 지나던 겨울바람이 돈벼락을 날리듯
낙엽을 쏟아 부어 그나마 숨통을 터준다

여기저기서 겨울 예수가 기적을 보여주러
재림할지도 모른다는 풍문에 귀가 열리고
소망과 소원이 보푸라기처럼 무성한
캐럴 사이를 힘겹게 비집고 들어가
겨우 손에 쥔 몇 장 남지 않은 복권

희망은 언제나 가난을 위해 귀하게 쓰지는 것
기약도 없이 또 한 해가
겨울의 창을 휑하니 열어둔 채
그렇게 우화 한 편 남기고 결말도 없이 저물어간다

진도 여름 기행

 충절의 고장 삼별초 항쟁의 얼이 서린 곳, 진도는 더는 물러설 수 없는 남도의 끝에 있다

 쏟아지는 폭우를 뚫고 내달린 오랜 벗들과 함께한 우정 나눔이, 진도의 푸른빛 하늘 영롱한 바다 물빛과 잘 어우러져, 세월 지나고
 나면 쌓아온 추억 위로 또 하나의 그리움으로 머물리라

 소박한 인심으로 내어놓은 풀빛 가득한 저녁 식단, 찹쌀 홍주의 독한 맛도 아낙네의 순한 눈빛만큼 가슴 따뜻하게 여독을 풀어준다. 함께한 벗들 그 이름 하나하나에 고마움을 전하고 싶은 심사는 진도의 풍경이 또한 그러함이니,

 진도는 신비의 바닷길 열림의 장관과도 같이 이곳에선 사람과 사람, 사람과 자연과 만남도 예사롭지 않음인지 하룻밤의 여정이 노랫가락으로 저물 즈음, 오롯이 떠오른 달그림자 또한 정겹기도 하다

 小痴 許鍊의 운림산방을 둘러봄이 없이는 진도를 다녀왔다고 말하지 말라던 풍문만큼, 예전 유배지로 떠돌던 풍류객들의 자취가 진도를 이토록 떠 있는 섬같이 만들었는지도 모를 일

진도를 벗어나 강진에서 은어 튀김으로 요기를 하고, 순천을 지날 즈음 올 때도 그러하였던지, 아쉬움으로 또 한 차례 폭우를 만났음을 기억한다

홍도 기행

 홍도 하면 젊으신 어머니가 떠오른다 남도의 바다는 어머니 자궁을 무척 닮았다 섬에 발을 담그면 바다 냄새가 어머니 젖내같이 가슴 깊숙이 담겨 온다

 누가 그리움 하나 띄워놓고 이곳을 홍도라 불렀나 홍도에 와서 내가 할 일은 섬의 얼굴을 마주하고 섬의 목소리를 진지하게 듣는 일 몽돌이 널브러진 해변에서 일몰과 함께 어느새 우리란 존재도 물결소리에 잠겨버린다

 홍도! 누가 이곳을 노을빛같이 붉디붉은 전설로 만들었을까 평생 섬이 한 일은 바다와 함께 붉은 치마로 몸단장하는 일 그리고 섬은 새색시 고운 얼굴로 물길 속에서 하염없이 제 몸을 씻었으려니

 밤새 섬이 토해내는 소리는 우리네 꿈속에 녹아들어 그리움 하나씩 안겨주고 섬이 뿜어내는 모든 꿈의 색깔들은 또다시 섬이 되어 우리네 가슴엔 어느새 푸른 바다가 하나 가득 차나니

 홍도여! 네가 밤새 등을 다독이며 칭얼대는 아이를 잠재우던 우리네 젊은 어머니를 그토록 닮았음을 이제야 알겠네

멀리 있어 그립고 아름다운 섬 홍도여! 나는 오늘 밤 젊으신 어머니 젖가슴을 만지며 세상에서 가장 아름답고 고운 꿈을 꾸게 될지도 모른다

사랑을 끝내다

울며불며 매달리던
허접쓰레기 사랑아!

술 한 잔 사준 적 없이
어디서 와서 어디로 가는가

너에게 큰소리 한번 치고 싶었는데
꼴사나운 뒤웅박 꼴이 되어
제값도 제대로 받질 못했구나,

무서움 없던 그 열정도
사랑 잃은 가여운 이의 외로운 그 눈빛도
이젠 내 것이 아니네

한때의 기쁨이며 목숨 같았던 사랑아!

얼마나 더 오래 기다려야
계단 끝 너의 방에 오를 수 있을까

정말 허접스럽구나
피어보지도 못한 사랑, 이젠 안녕!

부처를 꿈꾸며 공중부양을 하다

금련산 오르는 길목, 빌라 오 층에서 공중부양을 한다

24시 맥도널드가 고소한 냄새 하늘 위로 퍼 올리고 거리며 골목이 공중부양으로 바쁜 곳, 방송국에 유명 가수들이 찾아오면 골목이 죄다 불법 주차로 공중부양으로 별나라 닮아가는 곳

어떤 이는 한나절을 산에서 보내고, 어떤 이는 방문을 걸어 잠근 체 부처 흉내를 내는 곳 세월 탓에 나는 이 길목 빌라로 이사와 공중부양하며 살고 있다

베란다에 서리 내리던 날엔 발끝까지 스며드는 한기 탓에 모질게 닳아버린 지난 세월같이 처진 어깨에도 서리가 내렸고, 잠깐 등 돌린 틈 사이로 가슴을 후벼 파는 섬뜩한 세상의 비열함에 대해 화가 났다

그러나 분개한들 무엇 하랴 지붕 없어도 숨 쉴 곳만 있다면 고맙다고 수백 번 고개 숙이던 사랑, 그 사랑은 얼마나 대범한가

누구든 내 집에 놀러 와 금련산 오르는 길목 빌라 오 층, 부처를 꿈꾸는 곳에서 나와 함께 공중부양 한번 멋들어지게 하면 어떨까

아이들을 보며

　세 아이들이 모두 불혹의 고개를 넘었다
　큰아이는 어느새 오십을 향해 가고 있다
　저도 아내도 마지막이 될지도 모를 고개를 향해 가고 있다
　아이들 모두 일가를 이루어 제 몫의 가정을 아름답게 꾸미고들 있다
　그러나 나는 봄날 빈들에 나목같이 쓸쓸해진다
　아내도 그렇게 쓸쓸해지고 있을 것이다
　세월을 훌쩍 건너온 노스탈자가 되어 함께 외로워진다
　작았던 아이가 큰 어른이 될 때까지 세심하게 들여다보지 못해
　지난 세월을 아이들에게 사과라도 해주고 싶다
　나는 꽃다운 꿈들이 자라고 있을지도 모를
　저 먼 미지의 세계에서 온 자는 결코 되지 못한다
　바람이 세월의 틈새를 매몰차게 비집고 들어오듯 모질고 거칠었다
　가슴속 그리움을 꺼내어 하늘에 걸어 놓는다
　옹기종기 모여 담소를 나누던 한때의 아름다운 가족풍경이 그곳에 있다
　그러나 그곳에 안타깝게도 난 함께하지 못했다
　상처투성이인 나를 위해 누군가는 회한의 기도를 드려주고 있을지도 모르지만

행복하고 즐거웠던 시절이 세월 저 멀리에서 애타게 부르고 있다
　얼마 남지 않은 시간 동안 더 낮음에 이를 때까지
　더 이상 망설임 없이 고해의 시간 속에 항시 머물러야겠다

나는 잘 살아왔을까요

지상에 겨우 집하나 짓고
가정이란 둘레에서 시계추 같이 흔들리며
나란 이름의 사내가 힘겹게 걸어갑니다

과연 나는 잘 살아왔을까요

난치병에 걸린 듯 쫓기듯 한 삶의 벼랑이 찾아오면
그러한 물음이 나지막이 떠오를지도 모릅니다

누군가 옆에 있었다는 사실도 망각하고 그 이름마저도
떠올리지 못하는 막장 벼랑 끝에 와있는 것일지도 모릅니다

그래서 궁금해집니다
긴 세월을 통해 나는 어떤 사람이었을까요
세상 풍파를 잘 견디고 잘 참아왔을까요

꿈이 깃드는 저녁나절
허허롭고 공허한 마음이 고요를 몰고 옵니다
어머니가 머물던 고향마을도 함께 저물어 갑니다

바람 잘 날 없던 세월 속
천 갈래 만 갈래로 갈라진 우리라는 이름도

바람 속에 함께 저물어 갑니다

우리라는 이름으로 함께하며 우린 잘 살아왔을까요
어깨가 조금씩 무너져 가고 있음도 모른 체
등 굽은 마음속에 이끼가 낀 듯
한 세상 수레바퀴만 끌고 살아왔었나 봅니다

지나가는 바람에 함께 저물어 가는 저녁에 생각해 봅니다
뿔뿔이 흩어져 제 몫의 삶을 살아가는
자식들의 소식도 궁금합니다

나는 어떤 아빠이고 남편이었을까요
과연 나는 잘 살아왔을까요

그러나 거짓말이다

나에겐 그리움도 심지 깊은 불꽃도 없다

너는 언제 내 곁에 와 있었나

가슴을 태우며 밤의 시간을 잡아먹는
알 수 없고 끝 갈 데 없이 무섭고 두려운

어디이던 형체도 없이
사랑을 앓는 이의 그림자 곁에서
무덤 같이 다가오던 너

한낱 풀잎같이
가녀리게 흔들리고 싶구나

오늘 밤 너와 또 다른 이별을 꿈꾼다

그러면 마지막일지도 모를
그런 사랑만을 잃을 뿐
나에겐 그리움도 심지 깊은 불꽃도 없다

그러나 거짓말이다

part. 3

몸의 소리

딸아이가 공부에 열중했던 시절엔
어둠 속에서 묵주를 돌리며 성모송을 외우거나
별이나 달과 오랫동안 얘기를 나누었음을 몰랐다

지친 하루를 끌고 온 아이의 어깨를 주무르면
어느 땐 옥구슬 굴리는 소리 어느 땐 우박소리가
손바닥을 구르기도 하고 때리기도 하였다

딸아이의 몸에는 문맹을 깨우치려 할 때부터
여러 소리가 저도 모르게 자라고 있었나보다

알파벳과 훈민정음 밑줄 쫙 그은 반드시 기억할 것들로

그 모든 세상의 씨알들로 가득 찬 머리로부터
하도 많은 날이 내몰았던 책걸상 위로
내일은 항상 두려움이었던 아이

긴 세월 동안 입 악 다물고 참아온 그 속내를
제 몸만은 알고 있었나보다

딸아이의 뼈마디 부딪히는 눈물겨운 몸의 소리
눈 감고 귀 기울여보면 모두 다 나의 아픔이며 나의 소리다

세렝게티의 바람

내 머리를 두드리며 아우성치던 두통에 떠밀려
둥근 원형 벽에 걸린 십자가 사내 앞에 서 있다

무릎 꿇고 눈 감으니 머리 위로 바람이 인다

얼룩말 표범 사자와도 하나가 되던
세렝게티 초원의 그 바람일지도 모른다

모든 살아있는 것들은 바람이 된다

내 머리를 두드리며 아우성치던 두통이여!
먼 곳에서 찾아온 바람이여!
이제 그대들도 침묵 속으로 떠나라
그곳은 아마 세렝게티일 거다

먼동이 트는 세렝게티

얼룩말 표범 사자와도 함께 내달리다 보면
내 심장은 초원의 친구들이 내달리는 발자국에 묻혀
보석 같은 상처가 될 것이다

나는 십자가 그 사내에게 나를 밀봉해

세렝게티 그 바람 속에 내던져달라고 매달린다

그러나 내 상처가 어둠 속에서 기도되어 다가가도
십자가 그 사내는 끝내 말이 없다

바람의 소리에 놀라 주춤하던 두통이 또 아우성이다

묵상하는 자세로 숨을 쉰다

오늘도 나는 묵상하는 자세로 숨을 쉰다
세속에 찌든 몸이 생기生氣를 먹고 어느새 산 빛으로 빛을 내기 시작한다

우리에게 최초로 숨을 불어넣어 준 이에게 경배하자
또한 이천여 년 전 나사렛의 마리아란 이름의 처녀에게
성령의 숨을 심어준 신비에 경배하자
숨 하나 우리에게로 온다는 것은 그래서 우주적이다

생은 숨을 토해내며 싫든 좋든 인기척도 없이 제 갈 길을 변함없이 가고 있다

숨 하나하나 아끼고 아껴서 모아 두고 모아 두어
정말 필요할 때 쓰임을 다하면 얼마나 좋을까
병동에 산소호흡기로 숨을 쉬는 환자 곁을 지나면 어처구니없이 눈물이 난다

세상에 널리고 널린 공기 속숨을 예사로 여기고 무시하고 깔 본 건 아닌지 하고
죽어서야 아는 숨어있는 숨의 깊은 뜻 되새기다 보면, 보일지도 모른다

고이 간직한 숨의 방을 열어보면 어느새 빠져나간
가쁜 숨의 흔적들 여기저기에 널브러져 있을 것이다
숨넘어가듯이 풍화되어 병동에 들어서면 누구나 마주치는
사막 같은 절망 어쩔 수 없을 것이다

숨 하나 우리에게서 사라지는 것도 우주적이다

숨도 썩히고 썩혀 오래 두면 풍화되는 것일까
오늘도 쉼 없이 숨을 쉬지만, 나도 풍화되었는지 숨이 차다
숨을 꺾어 나비가 되어 날아가는 우주적 신비를 경배한다

그렇게 하나의 숨이 숨 가쁘게 지나온 길을 지워가며
우주를 향해 바쁜 발걸음으로 내달러 가고 있다

구석

구석에 닿지 않고는 내 삶은 온전히 헛것이다
어두운 구석엔 빛도 바람도 없이 공허하기도 하지만
눈을 감으면 어느새 유리천장엔 별빛 가득하다

구석은 어머니의 품 같은 것일까
구석은 베토벤의 등 같은 것일까
구석은 곰치의 꿈같은 것일까
구석은 외계인을 만나는 곳일까

그런 구석이 누구에겐 피난처일지도 모른다

강아지들이 구석을 좋아하는 이유가 불안을 잠재우고
스트레스를 털어내고 외로움을 지울 수 있어서 일까

구석에 관한 심층 보고서나 학문적 서술이나 논문이 전무한 이유를 모르겠다

구석은 비밀도 감춰둘 수 있는 곳. 입술을 깨물며 숨어들 수도 있는 곳
구석은 늦게 찾아온 저녁 같이 안식을 가져다주기도 하는 곳

구석은 결코 외로움을 몰고 오는 가벼운 자리도, 홀로 독백을 읊조릴 고독한 자리도 아니다

번잡이 싫어 화초나 키우고 그림이나 그리며 일상을 지내도 멋진 일이지만
　오늘은 영화 한 편을 보러 영화관을 찾아 홀로 외떨어진 구석에 자리를 잡았다

　유년의 기억 속엔 어른들이 왜 나 자신을 나무라는지도 모른 체 다락방 구석에 숨어 들었던 기억도 있었다
　깊은 어둠이 유년의 한 시절로 나를 내몰아선 살얼음판 같은 병실 한 구석에 쓸모없이 내버려진 벽돌처럼
　덩그러니 누워계신 어머니를 만나기도 했다

　슬픔과 아픔 같은 것들이 이끼같이 자라고 있을지도 모를 구석
　그 구석진 곳에 맺힌 아련한 기억들이 곤한 서사敍事같이 못내 그리움으로 피어오른다

　오늘은 여기까지다
　구석을 애써 지나치거나 어둑 구석에 모여 토설할 이야기가 많을지 모르지만
　구석을 피할 이유도 구석을 찾아야 할 이유도 없는 시절이 곧 다가올지도 모른다

나는 언제나 안녕합니다

 일상에서 어떠한 일이 있을지라도 흉을 보거나 변명을 하지 않았습니다 지난 밤 꾼 예쁘게 포장된 꿈들은 미몽 속에서 기이하게 꾸며진 이야기 같아 나는 아무에게도 그 꿈들을 토설하지 않았습니다
 생각이 나를 거칠게 옥죄어 오는 날에도 나는 조금도 가벼워지지 않았습니다

 그래서 나는 오늘도 안녕합니다

 나는 이니스프리와 예이츠 그리고 그의 오두막을 그리워합니다
 나는 목동과 양들이 뛰노는 늘 푸른 들판도 그리워합니다
 나의 하루는 그리움이 너울처럼 휘날리는 가을 하늘에 늘 머물러 있습니다
 그렇다고 내가 혁명가를 꿈꾸거나 고독이나 홀로 있길 좋아하는 것도 아닙니다
 아무튼 나는 늘 낭만에 젖어 있습니다

 나는 군중 속에서 앞서지 않고 끝자리에 머물기를 좋아합니다
 실패하는 사랑도 잊히는 사랑도 나는 좋아하지 않습니다
 나는 슬픔을 깨뜨리며 앞서간 사랑을 결코 잊지 않습니다

어떤 골똘한 생각 탓에 새벽까지 잠 못 들어 깨어있기도 하지만 나는 언제나 푸른 별 하나를 가슴에 담듯 마음의 창窓을 잘 지켜내고 있습니다

  나는 미래에 목덜미를 잡히기 싫어합니다
  항상 미래가 끝이 없이 이어지기를 소망합니다
  나는 미래가 두렵지 않습니다

  나는 돌아 올 길 보다 나아갈 길을 깊이 생각합니다
  나는 보이지 않는 길 보다 보이는 길에 더욱더 충실합니다
  나는 지극히 현실주의자입니다

  그래서 나는 언제나 안녕합니다

가난한 귀

저는 가난한 귀를 가졌습니다
그렇다고 초라하다고 생각되진 않습니다

제 귀의 겉모습은 언제나 따뜻한 온기를 지니고 있진 않습니다
저는 제 귀를 살찌우지 않아 겨울이면 귀가 시렸습니다

제 귀를 비옥하게 채우지 못한 것은 모두 제 고집 탓일 겁니다
귀가 귀답지 않아 제 자신이 평생 가난 속에 헤매게 되었을지도 모릅니다

제 귀는 불면이라는 고질병을 지니고 있어 좀체 숙면에 들긴 힘듭니다
귀 속엔 몇 개의 은근과 몇 개의 끈기로 된 방으로 나뉘어 있어
서로 생각의 시간을 가로채려 다투고 있어 치료가 불가능하다는 주치의의 소견이 있었습니다

흠이라면 고집이 세어서 남의 말에 도통 귀를 기울이지 않습니다
무엇이든 가려듣기가 힘든 것은 모두 세상 탓이라고 돌리

기도 했습니다
 때론 딸각거리는 소리의 이명으로 소란을 떨어도 제 탓은 아닐 거라 여겼습니다

 그것은 정말 비열한 짓임을 알면서도 제 탓이라 우기기가 정말 싫었습니다
 귀를 막거나 애써 딴 짓하기에도 겸연쩍어 남의 것은 제 것이 아니라 여겨 애써 새겨듣지 않았습니다
 그러한 것이 제 귀를 가난하게 만들었을지도 모릅니다

 오랜만에 귀 속을 들여다보아야 할 것 같습니다
 귀지가 얼마나 많을지도 궁금하지만, 혹여 귀지가 많거나 아픔이나 상처 같은 것이 많다고 해서 가난하지 않다고 말할 순 없겠습니다

 제 귀의 가난에 관해 제가 모르는 사실이 있어도 부디 발설치 마시고 묻어주시면 고맙겠습니다

 곧 찬바람 부는 겨울입니다. 제 귀를 위해 귀마개 하나 정도는 장만해 볼까 합니다

빈 방

하루 종일 빈 방에 누워 눈을 감고 시간을 죽이고 있습니다
무료해도 머물 수 있는 방이라도 있다는 건 정말 다행이라 여겨집니다

머리맡엔 휴대폰을 꺼두고 고요 속에 평안이 찾아주길 고대하고 있습니다
가끔 고립무원孤立無援 속에 고독사로 빈 방의 주인이 된 이들의 소식에 소름이 돋곤 합니다
'거기 누구 없소'라고 노래하던 여가수의 애틋한 표정이 뇌리에 되새김되는 날들도 있었습니다

손끝으로 하루가 저물고 있음을 감각적으로 느낄 수 있음은 몸이 체득한 경험치 덕입니다
창으로부터 어둠이 밀려오면 술래가 되어 잠으로 가는 긴 여로가 시작될 겁니다

밤은 창백한 어둠을 몰고 와 초롱 불빛 같은 빈 방에 푸념 몇 개를 데려다 놓고 사라지기도 합니다
으스름 저녁 낯선 곳에서 '빈 방 있습니까' 하며 골목길을 서성였던 때가 있었습니다
홀로 일 때도 있었고 일행이 있었을 때도 있었습니다

정말 홀로 빈 방에 든 그러한 날엔 가끔 해방된 느낌도 생기기도 하고
　때론 초라해진 모습에 고개를 숙였던 일도 있었습니다

　백일홍도 아닌 내가 왜 이 새벽까지 빈 방에 홀로, 두서없는 시간과 씨름하고 있는 걸까요
　나이 드는 일은 마음 없이 목련꽃잎 지듯 몸만 늙어가는 것일까요
　내 마음의 빈 방은 속절없이 여전히 바람만 껴안고 있습니다

표정 하나 없는 그대에게

내 앞에 토로스처럼 표정 하나 없는 그대에게
혹여 그대가 절망이 아닌 희망이라도 꿈꾸어볼 수 있었으면 하고
장미 백송이를 보내드리고 싶습니다

유년엔 활기 넘치고 다정스러웠던 그대가
이처럼 표정도 없는 모습으로 겨울 어둠 속에 오랫동안 머물고 있어
시린 밤 빗살 가르며 떨어지는 유성처럼 가슴이 쓰라립니다

비탈에서 어린 염소가
이슥토록 먼 별 바라보며 밤새 슬피 울고 있었지만
나의 무관심한 성질머리 탓으로 겨울밤을 속절없이 보내고 있습니다

멀리서 눈은 반가운 소식처럼 사르르 사르르 내리고 있고
반가움에 들뜬 바람이 고운 발자국으로 눈길을 따라 함께 하고 있습니다

어쩌다 잠을 잃은 이들이 창을 열고 고운 꿈을 담듯이 눈길을 헤매고 있습니다
그대도 이들과 함께 고운 꿈길에 들었으면 하고 소망 하나

하늘에 걸어봅니다

  계절이 끝나가는 길목에서도 그대를 만나고 싶습니다
  봄이어서도 좋고 가을이었으면 더더욱 좋겠습니다

  어느새 나 스스로 무더위를 견디기 힘든 나이가 되어버려서 그런지
  여름이 썩 마음에 들지 않았습니다. 그대도 그러하겠지요

  담벼락에 매달려 있는 능소화가 마치 지구를 매달고 있는 듯
  표정 하나 없이 긴 줄기를 바닥에 늘어놓고 있습니다

  나도 그대처럼 표정 하나쯤 비밀인 듯 숨겨두고 싶어집니다

고비, 외로움의 현주소

나는 가끔 고비를 꿈꾸고
사막여우의 외로움을 훔쳐보기도 한다
외로움은 숙명 같은 것이어서
등 뒤에 업業 같이 바짝 달라붙어 있을 때가 있다

고비의 시간은 기다림이라는 큰 의미를 가져다주지만
어제와 오늘 그리고 내일이란 시공간時空間
그 숨은 뜻을 제대로 깨닫지 못할 때가 있다

아침마다 눈을 뜨면 어제의 일들이 목마름 같이
둠벙에 갇혀 있을 때도 있다
봄이 어디쯤에서 오는지도 모른 채
떠날 준비에 바쁜 겨울도 있듯이

가까운 곳에서
외로움을 지극히 사랑하는 사람을 만날 수 있다
등불을 켜면 얼굴을 무릎에 묻고
풀벌레 소리 은은한 고요한 둑길, 칠흑 같은 어둠 속을 거닐면
외로움이 그리운 이의 발걸음 같이 전신을 짓누른다

아프다 아프다

가슴속 깊은 곳에서 솟아오르는 외로움의 반향,
목에 가시가 끼듯이 쓰리고 쓰리다
뼈마디 곳곳이 설명하기 힘들 만큼 아려오는 것이다
답답해서 외롭고 억울해서 외롭고
그냥 가슴이 벅차서 마냥 외로운 것이다

나는 오늘 외로움을 접견하러 고비를 넘었다
그리곤 외로움과 사랑에 빠졌다
외로움은 얼마나 깊은 뿌리를 가졌는가
외로움의 현주소가 그렇다

생각을 생각합니다

  생각의 줄기에서 꿀이 쏟아져 내렸으면 좋겠다는 야무진 생각을 내비치며
  오랫동안 생각에 젖어 있습니다

  그런 생각에 오래 젖어 있다 보면 며칠간 심하게 몸살을 앓기도 합니다

  생각 속엔 목어木魚가 숨어있어 바람 부는 날엔 이명이 찾아오기도 합니다
  생각을 믿고 의지하다 보니 걷잡을 수없는 허무가 찾아들기도 했습니다

  사춘기를 막 지난 듯한 생각이 마취 총에 쏘인 듯 정신을 잃었습니다
  생각의 음표들이 멜로디가 되지 못한 채 바닥에 널브러집니다

  때론 더 넓은 세상을 꿈꾸며 세렝게티 초원에 풀을 뜯어먹도록 풀어두기도 하였습니다
  때론 단풍잎 나풀대는 소리로 때론 세찬 폭풍우 같은 몸체로 덤벼들기도 하였습니다
  때론 북풍한설에 떨고 있는 불안이 잡다한 생각을 서둘러

불러들이기도 하였습니다

　생각은 침묵을 모르는지 머릿속에 수다를 거침없이 쏟아 붓고 있습니다

　생각에 낭만을 접목하면 생각에 생기가 돌 거라는 생각을 깊이 하다 보면
　지리산 천왕봉 생각의 마을에 무사히 도달할 수 있겠습니다

　철 지난 성경을 삼천 번이나 읽었음직한 생각이 공원 벤치에 앉아
　생각할 시간을 달라는 듯 생각에 깊이 잠겨 있습니다

　뿌리 깊은 생각이 고독과 만나는 순간이야말로 생각이 제대로
　빛을 발하는 때일 거라 생각합니다

　생각의 과한 식탐이 불면을 불러와 저도 모르게 천년쯤 늙어가고 있습니다

파락호破落戶 같은 꿈들

꿈의 발톱이 자라고 털이 곤두서면
가끔 꿈의 덫에 걸려 악몽도 꾸게 되지만
꿈은 그냥 잊힐 뿐이다

잠이 들면 어느새 찾아드는 꿈이란 것
때론 어제 일 같기도, 때론 허황하기도 하지만
꿈은 일상의 불협화음이 만들어낸 창작물일지도 모른다

아쉬운 것은 아쉬운 대로 슬픈 것은 슬픈 대로 잊히지 않고 되살아나지만
꿈은 재방송이 없으니 해몽할 필요가 없는 것일 뿐

뒤척이다 겨우 잠이 들수록 가시를 세우며 그렇게 찾아들어
곤한 잠을 휘저어 놓아야 직성이 풀리는, 그래서 훼방꾼 소리를 듣는

밤이면 우우 소리를 귓가에 흘리며 선문답 같이 맛이 어떠냐고 묻는 듯한, 꿈은

교양과 철학과 공상을 혼합한 연금술로 잠의 틈새를 비집고 주인 행세를 한다

잠에서 깨어나 뒤돌아보면 꿈의 꼬리를 겨우 발견할 때가 있다
　그러면 주변으로 우우 소리가 몰려오며 순식간에 꿈을 지워버린다

　소란을 뜨는 한밤
　가부좌를 틀고 앉은 파락호 같은 꿈들이 물비늘을 휘날리며 기회를 엿보고 있다

　오늘도 불면의 강을 건너며 꿈을 채굴하는 사람들이 넘쳐난다

전우戰友

용광로 불길같이 뜨거웠던 친구여!
우리는 그날 폐지수집소 같은 골방에 모여
심심풀이 화투를 치고 있었네

위수령이 내리고 긴급조치가 이어지고 급기야
계엄령으로 교정은 연병장이 되어버리고
몇몇 친구는 어디론가 끌려가 소식이 없고

숲길 너머로 푸른 젊음이 속절없이 저물고 있음도 보았네

붉은 꽃잎들이 몇 번의 시절을 견뎌 왔대도
누군가는 기억에서 지워지기도 하고
누군가는 다른 삶을 살며 잊히기도 하겠지만

용광로 불길같이 뜨거웠던 친구여!
지금은 빛바랜 장미와 번개탄과 바이러스
악화가 양화를 몰아내는 혼돈의 시절

이미 우리의 깃발과 구호는 사라지고 잊혔겠지만
우리는 또 다른 길에서 전우로 만나야 하네

어느새 새해 첫눈도 내리고 있네

우리 젊음을 미완의 부호로 남겨둔 채

그대, 오늘밤 평안하신가

　오늘밤에도 만취운전자가 오토바이를 모는
　불가촉천민不可觸賤民의 가장을 저격할지도 모른다

　세월이 우리를 이런저런 핑계를 대며 매몰차게 짓밟고 간다
　때론 무서운 바이러스로 때론 의심과 증오로 핏발을 세우기도 하고
　서로의 다른 생각과 의견에 떼를 지어 몰려와선 재갈을 물리기도 한다

　오늘밤은 시린 밤바람마저 온몸을 들쑤시며 고통을 감내하라 한다
　봄은 아직 들녘 가까이 와 있지 않은데 긴 겨울이 쉽게 물러서지 않을 작정이다

　긴 세월 동안 그 어떤 것이 되어보고자 머리 곧추세워보아도
　세상은 빈틈하나 허용치도 않고 긴장도 내려놓지 않으니 더는 나설 곳이 없다

　어쩌다 불면을 지우며 겨우겨우 잠이 들 때에도
　몹쓸 꿈들이 잠 속으로 비집고 뛰어들어 꽈배기 같이 비틀

기도 흔들기도 하였다

  그대, 오늘 밤엔 함께 간이역에 가보자
  키 작은 소나무와 녹슨 철로가 외등 속에서 외로움을 더하면
  지나온 시간 속 그리움을 한껏 토해내 보자

  그러면, 아물지 못한 추억 속 이름들이 함께 몰려와
  마지막 기차를 기다리듯 어스름 속을 서성이며
  그리움을 쫓는 추노꾼 되어 한가득 몰려올지도 모른다

  그대, 오늘밤 정말 평안하신가

봄 같은 사람

머리를 깎아주고 병든 몸을 정성 다해 씻겨주는
그런 고마운 사람 하나 있었지요

목련이 피어나는 봄은 사랑의 계절
늘 가까이 있어서 고마움을 몰랐던 그 사람은
늘 봄 같은 사람이었지요

전신을 후벼 파는 고통이 촛농 떨어지듯 녹아내려도
세상은 늘 관심 밖에 서 있었지요
그래도 그 사람이 늘 곁에 함께 있어 주어
고통도 고요처럼 잦아졌지요

세상만사가 비애悲哀 속에 갇혀있는 듯 마냥 슬펐지만
그 사람이 곁에 있어 슬픔을 쉽게 지울 수가 있었지요

새벽을 건너오는 충혈 된 눈동자들을
오롯이 빈 몸으로 받아내며
수평선에 밑줄을 긋는 아침 해는
그 사람 해맑은 얼굴을 닮았지요

세월의 흔적을 지우며
오랫동안 벼랑 끝에 서 있었지만

늘 함께해 준 그 사람은
늘 봄 같은 사람이었지요

별나무 그늘 아래 앉아 생각해 보니

사랑도 인생도 꿈같은 것이었습니다

순하고 여린 것들은 내 곁에 오래 머물러주지 않았습니다
언 손을 녹여주던 정다운 이웃들도 어느새 떠나가 버리고
덧없는 세월만 휴지조각 같이 널브러져 있습니다

하물며
내 뒤를 바짝 달라붙어 따라왔었던
내 그림자마저도 내가 성가셨는지 꼬리를 감추었습니다

달빛 없는 밤길이 오히려 좋았습니다
그런 밤엔 발걸음 소리도 정겹게 느껴졌습니다

돌 속에 숨어있는 삼엽충 같은 화석이라도 되었으면 좋겠습니다
그러다 어느 미래에 깜짝 환생이라도 하였으면 좋겠습니다

내 몸이 내 앞으로 조금씩 다가오고 있었습니다
나는 게슴츠레 익숙한 내 몸의 전체를 바라보고 있었습니다

내 몸이 풍선 같이 부풀러 올라 허공으로 튀어 올랐습니다
내 몸이 봄이었으면 좋겠습니다

내 몸이 청춘이었으면 좋겠습니다
내 몸이 별이었으면 좋겠습니다

꼬리 감춘 그림자에게도 환한 별이 피어올랐으면 좋겠습니다

별나무 그늘 아래 앉아 생각해 보니
사랑도 인생도 꿈같은 것이었습니다

그늘 다방

그늘을 찾아온 사람들이 커피를 마셔요
대학에 입학했던 봄날이었어요

어둠이 내리면 승냥이 같이 모여들었어요
아무런 이유 없이 의무감으로 커피를 마셨어요
막연한 기다림으로 누군가를 기다렸어요

그늘에 갇혔던 유년 시절을 애써 지우며
쓰임에 충실해지기 위해 우두머리가 되었어요
그렇지만 학교생활이 늘 좋지는 않았어요

그늘이 많았었던 유년 탓에
외로움이 물밀듯이 찾아들었어요

눈 감으면 어제인 듯 한 청춘의 날들
허지만 되돌아갈 수 없는 날들
더구나 이젠 가파른 산길도 힘겨운
그 능선에서 더는 그 시절을 그릴 수 없어요

이젠 커피도 함부로 마실 수 없고
그늘 속에서 부풀었던 그리움의 흔적마저 지워져
한 시대가 잊히듯 그 시절은 그렇게 저물어 버렸어요

가끔은 그 시절 추억을 이끼처럼 헤아려보며
햇빛을 피해 그늘을 찾는 난치難治의 길에 들어서 있어요

티베트

창포강을 건너
부처가 인간으로 살아 있는
티베트로 기어서 가자

마니차를 돌리며
부처 곁으로 하염없이 가자

어쩌면 나도 예전엔
이곳의 승려는 아니었을까

이곳은 분명 또 다른 문명

삶도 죽음도, 인간도 부처도
모두 한 줌 흙에서 출발했으니
환생이 살아 있는 티베트로 꿈꾸며 가자

부처 덕에
몇 날 며칠 밤이라도
세상만사 잊고 편히 잠들어 보자

귀소

 고향의 색깔이 연초록 같아 좋았던 시절은 좀체 눈에 잡히지 않고 바람의 언어로 투명하게 맑아지고 싶지만 회색빛 물감으로 덧칠해진 근시 안경 속 고향은 마냥 낯설고 멀기만 하다

 아픈 날들의 기억이 새록새록 나거나 지친 발걸음이 제 갈 길을 찾지 못할 때 연어의 귀소歸巢처럼 다가가고 싶지만 고향을 허공에 매달아두고도 달려가 보지 못한다

 방황의 끝에서 머뭇거리는 검은 그림자들 돌아갈 때를 놓쳐버렸는지 어둠 속으로 깊이 잠겨 들고 마음에 병이 깊어 아득히 부르는 소리마저 잦아들면 고요가 어느새 무섭도록 엄습한다

 변심한 애인같이 드디어 탈색된 노스텔지어의 길 그 길이 흔들리는 것은 세월 탓이다, 라고 말하고 싶지만 부딪혀야 되살아나는 고향, 귀소歸巢는 하혈로 막을 내린다

 긴 침묵이 끌고 온 고요가 어느새 어둠이 되어 다가온다
 주홍글씨를 쓰듯 고향을 잃어버렸다고 고해를 하자

내가 쳐놓은 그물

오늘도 도회의 언덕에서 그물을 치며
저무는 生을 낚아 올리고 있습니다

황폐해진 마음들이 도회의 거리에
고운 꿈 하나 만들 수 있기를 바라며
허공을 향해 그물을 내던져 보지만
희망은 좀체 낚아채 지지 않습니다

어둠에 가려 갈피를 잡지 못하는지
호흡기 환자처럼 숨이 막힙니다
연애도 결혼도 출산마저도
먹고사는 일에 찌들어 숨이 막힙니다

밤의 거리에 널브러진 연인들이
절망의 노래를 부르고 있습니다
그 곁에 저도 모르게 서성였던
부끄러웠던 밤도 있었습니다

별 하나도 흔적을 남기지 않는 밤
꿈 하나 제대로 가꾸지 못한 마음들이
눈물같이 강물로 뛰어듭니다

그런 밤에는 내가 쳐놓은 그물에
손님 같은 그들이 하나 가득 찾아옵니다

고백하건대

이른 아침 해변에
발자국 남긴다 詩여

세상만사를 입맛대로 골라 먹는 詩여
어쩌다 부를 이름이 없어
너를 불렀다 詩여

고백하건대 배가 고프다 詩여

녹두죽과 팥죽을 팔며
詩를 쓰던 노파가
오늘은 보이지 않는다 詩여

한 그릇에 천 원
그러니 한 그릇은 거리에 앉아서 먹고
비닐봉지에 두 그릇 담아 가지고 와
이제껏 하루 세끼를
거뜬히 처리해 왔는데 詩여

노파께서 시끄러운 소리 탓에
주민들 성화로 쫓겨났다는 풍문에
화가 나

내 詩에 불을 지르고 싶었다 詩여

어디에서 천 원으로
배를 채울 수 있을까 詩여
세상만사를 입맛대로 골라 먹는 詩여

고백하건대 배가 고프다 詩여

그 집

집이 누룩 익듯 맛을 내고 있었다

아이 셋을 비추던 햇살과 더불어
아내의 손끝에서 새로 생긴 아침이 열렸던 집

커튼 사이로 어둠이 걷히면
아내가 새벽 바다로 흘러오던 집

어느덧 다 커버린 바람 속의 아이들
텁텁하고 새큼한 향기로 가득했던 집

손빨래 감은 늘어나고
이따금 주눅이 들어 아내가 드러눕던 집

흐릿한 눈빛으로 아내의 허리를 주무르고 나면
추억으로 가는 길목이 함께 열렸던 집

이젠 아내가
누룩 익듯 맛을 내는 그 집이었음을 안다

나는 깨닫는다

내가 그 집에 오랫동안 세 들어 살고 있었음을,

저문다는 것

저녁 창을 열고 바라본 하늘이
노을빛으로 창연하다

저문다는 것은 잊혀 간다는 것
그래서 더 이상 보여줄 게 없다는 것

오늘도 걷는 발걸음에 목적지는 찍혀있지 않다
그래서 더 이상 고비에 갈 일도 사막여우를 만날 일도 없다는 것

저문다는 것은 때가 되었다는 것
우주의 저녁이 가까이 와 있으니 서둘러 떠나야 한다는 것

오늘도 심호흡 한 번으로 저녁을 맞이하며
한결 깊어진 눈빛으로 지나온 시간을 반추하고 있다

사랑한다는 것은 소망하는 마음의 결정체이기도 하겠지만
이별 또한 감내해야 하는 두려운 마음의 결정체이기도 하다

우리는 가물거리는 생각 속에서 나이를 먹고
더 이상 보여줄 게 없는 시간 속으로 조금씩 저물어 간다

가만히 두드려본다

가만히 두드려본다

내 방의 벽

이 방 저 방의 벽들 바닥들과 문들
저것들로 내 집이 지탱됐구나

거친 바람 속, 내 발길을 이끌고
나를 곧추세우고 편히 잠들도록
험한 세월을 함께 보낸 동지들이구나

저 문을 통해
하루가 열리고 닫혔구나

저 문으로
고개 밀고 들어온 기쁨과 슬픔, 탄식과 한숨들이
벽을 웃기고 울리며 바닥을 구르고 환호성 치고
눈물도 꽤 흘렸겠구나

내 방의 벽이 손 내밀어 나를 두드린다

벌써 아침이다

나도 벽을 두드리며 집에 안부를 묻는다

밤새 별일 없었나?

난수표를 읽는 밤

어느 날 밤
난해한 나를 곁에 두고
또 다른 내가 다가왔다

넌 누구니?
그렇게 난수표를 읽듯
나를 헤집는 밤

잠은 어느덧 새벽을 향해 줄행랑을 치고
난해한 나도 행방이 묘연 하다

내 곁으로
비도 내리고 바람도 불어오고 눈도 쌓였다
사시사철이 변덕이며 아집 같았다

그렇다고
나 역시 변덕이며, 아집이다, 라고
말해도 될까?

나는 난해한 나를 곁에 두고 이유도 없이 자주 싸운다
해묵은 세월 속의 못다 푼 숙제를
난수표를 읽듯 헤집으며 격렬하게 싸운다

난해한 세월을 쉼 없이 건너온 사람
변덕과 아집 속에서 썰물처럼 씻겨가도
오뚝이 같이 버텨온 사람

난수표를 읽듯 난해한 나를 헤집어
제대로 정확하게 해독할 수 있을까

한여름 밤의 꿈

열대야를 주의 깊게 읽는 밤

옐로나이프의 오로라가 되어
현란한 춤사위로 창공을 휘저으며
꿈을 꾸어 볼 거다

꿈이 되어 기억을 되새김하는 일은 멋진 일이다

분홍 꿈으로 가는 길은 오로라만큼 멀고 아득하지만
막상 꿈을 만나면 꿈의 숨소리에 가슴이 벅차오르고
그 향기에 숨이 막힌다

자고 있으나 깨어있는 열대야 속
여름밤의 꿈은 부지런하다

초원을 뛰고 바람 속을 날아다니며
늠름한 수사자가 되었다가 간사한 여우가 되기도 한다

안단테가 되었다가 알레그로가 되기도 하며
 시간의 계단을 오르고 포도알 같은 계절을 뒤따라가기도 한다

눈보라가 내리고 얼음꽃이 세상을 뒤덮는다
열대야가 꿈속에서 녹아내리고 있다

바르셀로나로 가고 싶다

구름 한 점 없는 맑은 날씨는 바르셀로나의 전유물일까
지중해의 햇살이 또 다른 시절의 시작이 되었으면 하고
해부학에 심취된 의학도같이
추로스를 먹으러 바르셀로나로 가고 싶다

바르셀로나에서 지중해 바다를 보고
라 파라데타 LA PARADETA에 가선
해산물로 허기를 신선하게 채워보는 거야

바르셀로나는 우아한 곡선의 가우디 건물들을 만나
가우디로 시작해서 가우디로 끝나는 것이지
지금도 짓고 있는 사그라다 파밀리아 대성당을 본 순간
그 웅장함에 압도당해 입을 다물지 못하게 되겠지

다시 한 번 가슴을 뛰게 하려면 어디가 좋을까
권태로운 가슴에 지중해 바닷물을 채워
가만가만 바르셀로나의 심장에다 부으면
이 세상의 둘레가 어느새 고요해지지 않을까

詩 한 줄로 찾아오는 봄

봄은 쉽게 오는가 했더니

계절이 널을 뛰고 있다

물처럼 흘러 詩 한 줄로 찾아오면

산수유 가득한 숲길에서 비상을 소원해도 좋겠다

사유思惟의 숲을 막 지나 귓가로 스치는 바람도

하나의 의미로 다가오면 함께 들어봐도 좋겠다

정직한 것들이 고개 숙이며 나가는

미지의 그곳이 쓸쓸하거나 텅 빈 묵정밭일지라도

쟁기를 더 높이 드는 자세가 되어도 좋겠다

종일 불렀던 예전 노랫가락처럼

보리밭을 건너올 저물녘

詩 한 줄로 찾아오는 봄은

한 편의 슬픈 시가 되어

저문다는 것은 곧 잊힌다는 뜻 같아 안쓰럽고
한 번 지나온 길은 되돌아갈 수 없어 아쉽다

나아가야 할 길은 헤집어 방향 잡기가 난망하여 당황스럽고
그 길 위에서 나약한 존재마저 지워질 것 같다

어스름 내린 겨울 저녁, 좁은 골목길엔
술 취한 사람들이 비틀걸음으로 드나들기도 하여
불경스러운 기운이 밤의 숲을 망가뜨리기도 한다

치사량의 잠이 슬픔을 잊게 해 주기에는 턱없이 부족하고
수십 년 걸어온 길을 되돌아가려는 시도 또한 부질없는 짓이다

겨울거리에서 노숙하는 등 굽은 사람들
절벽에 뿌리내린 낙엽송 되어 이미 초월의 경지에 있을지도 모른다

나목의 세계에서 슬픔에게 겨우 분양받은 지상의 방 한 칸
겨우살이보다 결코 푸르게 빛나지는 않을 것이다

저문다는 것은 한 편의 슬픈 시가 되어

이별을 노래하듯 불꽃처럼 산화하는 것일지도 모른다

겨울이 왔는데 낙엽만 휘날리며 떠날 줄 모르는 가을이 있었다

● 작품해설

양재건 시집 『나는 쇼를 멈추지 못한다』 해설

존재의 그늘에 새기는 그리움의 언어
— 양재건의 시 세계

정훈(문학평론가)

포엠포엠
POEMPOEM

●양재건 시집 『나는 쇼를 멈추지 못한다』 해설

존재의 그늘에 새기는 그리움의 언어
— 양재건의 시 세계

정훈(문학평론가)

    시간이 지나면서 고독한 마음을 되돌아보는 일은 누구에게나 찾아온다. 여기에서 벗어나는 사람은 아마 없을 것이다. 고독해진다는 것, 이는 비로소 자신을 되돌아본다는 일과 같다. 젊을 때는 아무렇지도 않게 여기거나 생각했던 일이 중년을 지나면서부터 대수롭지 않은 일이 아니었다는 사실을 깨닫게 된다. 그러므로 사람은 어떻게 살았건 나이 듦에 따라 저저 주어지는 지혜나 슬기가 생기는 모양이다. 생로병사의 동굴 같은 컴컴한 생명의 길을 지나 어느덧 삶을 반추하기 시작되는 무렵에 생겨나는 이러한 상태를 어떤 시각으로 받아들여야 할까. 시간이 모든 사람을 성숙하게 하지는 않을 것이다. 사람 마음의 정도나 넓이에 따라 제각각 다르다. 사람들이 살아가는 모습이 엇비슷하게 보이지만, 그 속을 보면 천차만별의 경험과 의식이 펼쳐져 있음을 알게 된다.

청년의 꿈과 야망과 이상이 점점 흐릿해지거나 옅어질 때, 혹은 세상을 조금씩 알게 되어 어떻게 살아가야 하는 게 도리요 마땅한 일인지 아는 나이가 될 때면 찾아오는 게 있다. 그리움이다. 지난 시간의 파도 속에서 자신이 만났고, 체험했고, 보고 들었던 모든 기억이 파노라마 되어 펼쳐질 때 우리는 어딘가 모르게 그리움의 한복판에 휩쓸려 있음을 발견하게 된다. 간절한 그리움이 계절의 바람을 타고 자신에게 찾아오는 순간. 그리움은 고독이나 쓸쓸함과 함께 오래도록 그림자처럼 따라다니게 될 것이란 예감이 들 것이다. 이것은 늙어가는 이의 생각과 사고가 그만큼 익어간다는 말과도 상통한다. 익으면 고개를 숙이게 되고, 고개를 숙이면 지난날 자신과 인연을 맺었던 모든 것들이 어슴푸레 떠오르며 그리움의 영토 속으로 들어온다. 특히 시인의 그리움은 특별한 데가 있다. 시인은 시적인 세계를 형상화하면서 그리움의 소재를 가져오기 때문이다.

양재건의 시 또한 이러한 범주 안에서 이루어진다. 그는 순해진 눈으로 그를 둘러싼 세계를 관조한다. 이런 시각에서 시를 쓰면 시는 원망이나 분노와 같은 격한 감정의 논리가 아니라 순정하고 아름다운 마음의 결을 따라 흐르는 언어의 물결이 된다. 이는 시간이 시인에게 선물한 것으로서, 세월의 침식에 동글동글해진 품성에서 비롯된 것일 수도 있다. 세상은 청년의 눈으로 보면 감히 덤빌 수 없는 벼랑이나 협곡처럼 쉽사리 다가서기 힘든 것인 반면에, 세월 따라 오래 흘러온 존재의 눈으로 보면 여여如如해서 젊은 날의 고집과 단견을 버리고 한껏 유순해진 세계의 일부일 뿐이다. 그렇지만 시인에게도 시간은 허무와 고독의 결을 두텁게 한다. 스스로 옹골찬 의지와 마음을 가져다주는 대신에 한 뭉텅이 빠져나가는 심사心思의 허전함 또한 어쩔 수가 없는 것이다. 이런 결락감과 쓸쓸함이 양재건의 시에 가득 묻어난다.

    저문다는 것은 곧 잊힌다는 뜻 같아 안쓰럽고
    한 번 지나온 길은 되돌아갈 수 없어 아쉽다

    나아가야 할 길은 헤집어 방향 잡기가 난망하여 당황스럽고
    그 길 위에서 나약한 존재마저 지워질 것 같다

    어스름 내린 겨울 저녁, 좁은 골목길엔
    술 취한 사람들이 비틀걸음으로 드나들기도 하여
    불경스러운 기운이 밤의 숲을 망가뜨리기도 한다.

치사량의 잠이 슬픔을 잊게 해 주기에는 턱없이 부족하고
수십 년 걸어온 길을 되돌아가려는 시도 또한 부질없는 짓이다

겨울거리에서 노숙하는 등 굽은 사람들
절벽에 뿌리내린 낙엽송 되어 이미 초월의 경지에 있을지도 모른다

나목의 세계에서 슬픔에게 겨우 분양받은 지상의 방 한 칸
겨우살이보다 결코 푸르게 빛나지는 않을 것이다

저문다는 것은 한 편의 슬픈 시가 되어
이별을 노래하듯 불꽃처럼 산화하는 것일지도 모른다

겨울이 왔는데 낙엽만 휘날리며 떠날 줄 모르는 가을이 있었다

-「한 편의 슬픈 시가 되어」

위 시에 드러난 이미지와 정조에서 느껴지듯, 시간이 우리에게 안겨다 주는 지혜 못지않게 멜랑콜리의 감성 또한 비껴가지 않는다. 깊은 가을이 겨울을 맞이하면서도 떠나지 못해 머물고 있는 계절의 끄트머리에서 시인도 마찬가지의 감정을 느낀다. "저문다는 것은 한 편의 슬픈 시가 되어/ 이별

을 노래하듯 불꽃처럼 산화하는 것일지도 모른다"는 마음은 계절이 바뀌는 지점이기에 더욱 증폭되는 것이리라. 저무는 시간에 머물며 지난 과거를 회상하면, 점점 밀어닥치는 시간의 파도에 실려 잊힌 듯 영원히 돌아올 수 없는 허무의 세계로 휩쓸려 버릴 듯한 불안감이 그만큼 비례하기도 한다. 이를 시인은 '한 편의 슬픈 시'로 형상화했다. 나약하고 유한한 존재인 인간이 생각을 하면서 이 세계를 바라보면 언제나 대립되는 두 가지 감정이 공존함을 알 수 있다. 기쁨이 있으면 슬픔이 뒤따르고, 슬픔과 절망에 허우적대다 보면 어느새 마음의 평온이 찾아온다. 지적 충만에 행복해하면서도, 늘 알 수가 없는 세계의 본질에 전전긍긍하기도 한다. 행복과 불행, 슬픔과 기쁨, 분노와 평안, 그림자와 빛처럼 인간의 마음을 혼란스럽게 하는 모든 대립적인 감정 위로 아슬아슬하게 외줄타기를 하는 것이 인생인지도 모를 일이다. 이 과정에서 차차 저무는 시간의 꽁무니에 매달리면 삶의 의미와 가치가 정작 무엇인지 궁리하지 않을 수 없다. 삶의 논리와 의미는 시간이 던지는 묘약에 가라앉는다. 계절이 떠나면서 남기는 그림자는 생명이 저무는 증표이자 상징이다. 시인은 한 편의 시가 슬퍼지는 까닭이 저물며, 지며, 떠나가는 존재와 자연의 진실 때문이라고 믿는다. 결국 소멸해가는 것들의 뒷모습이 시에 드리우는 짙은 그늘을 생각해보는 것이다.

누룽지 먹던 저녁나절
몸뻬바지 입고 머리에 수건을 동여맨
어릴 적 어머니 모습

서른 살 나이에 홀로되시고
나를 희망 삼아 의지하고 사셨다지

선비 같았다는 아버지는
몇 장의 사진 외엔 남겨둔 게 없지만

철없던 시절엔 아비 없는 설움에
지순한 어머니 사랑보다도
몹쓸 한을 자주도 심었다지

철들어 고생을 알게 될 즈음
가마솥 부엌에서 누룽지 긁어주던
어머니 생각에 가슴 저며 와

나의 황혼녘 뒷전에 그림자 지는
벽오동 같은 내 어머니!

―「내 어머니」

이번 시집에서 주된 소재로 쓰인 어머니에 대한 작품 중 하나이다. 시의 소재로 흔히 쓰이는 가족 중에서도 아마 시인들뿐만 아니라 작가에게 가장 사랑을 받는 소재가 바로 어머니일 것이다. '어머니'의 상징성은 이루 말할 수 없이 다양해서 한 마디로 정리할 수는 없다. 희생과 헌신, 사랑, 용기, 자비, 너그러움 등 어머니와 관련해서 떠오르는 이미지를 떠나서 이 소재는 마치 고향처럼 우리 마음을 숙연하게 한다. 이 땅의 모든 어머니가 보여주는 숭고한 정신과 희생은 두말해서 무엇 하겠는가. 시인에게 어머니는 "황혼녘 뒷전에 그림자 지는/ 벽오동 같"다고 하였다. 모든 그리움 가운데 으뜸이며, 모든 서러움과 애잔함 가운데 첫째인 어머니는 화자뿐만 아니라 우리 모두 나이가 듦에 따라 더욱 선명한 표정으로 머리와 가슴을 파고든다. 시인은 어머니의 이미지를 시로 가져옴으로써 이번 시집의 전체 주제와 관련된 메시지를 슬쩍 내민다. 시간과 혈육의 정, 그리고 그리움과 애틋함이 점점 더해가는 삶의 모퉁이에 서서 그동안의 회한과 기억을 반추하는 시집의 길을 터놓는 것이다.

밤비소리에 귀가 크게 열립니다
비의 숨소리 발걸음 소리까지
가슴을 열고 들어옵니다

배란다 한구석 세탁기는
빗소리에 발맞추어

쾅쾅 빙빙 잘도 돌아갑니다

내 몸에서 빠져나간 또 다른 내가
그 속에서 헹구어지고 맑아지고 있습니다

바퀴벌레까지 귀 쫑긋하며 꼼짝 않는
빗소리 요란한 밤

소파에 두 다리 뻗고 누워
유리창 너머 밤비의 꿈결 같은
소나타 연주곡을 하염없이 듣고 있습니다

잠으로 가는 길목에서
나도 어느새
안과 밖에서 헹구어지고 맑아지고 있습니다

— 「밤비소리」

    양재건 시의 특징 중 하나는 일상에서 길어 올리는 풍경을 시인만의 독특한 감수성으로 형상화하는 데 있다. 그는 무던하게 흘러가거나 조용히 머물러 있는 생활공간을 비집고 들어오는 감각적 형식에 민감하다. 바깥세계와 내면이 은밀하게 접촉하는 지점에서 피어나는 감성의 불꽃이 시인으로 하여금 시적 상상을 불러일으키고, 이러한 시적 상상은 시인 자신의 실존적인 자각으로 연결되어 세계와 자아가 하나로 묶는 주요한 매개가 되는 것이다. 여기에는 서정적 자아와 세계가 서로 괴리되지 않고 하나로 일치되려 하는 근원적인 욕망이 작동한다. 자연의 상태와 변화가 일상에 일으키는 잔잔한 파문에 시인이 감응할 때 비로소 시적인 세계가 탄생하는 법이다. 그는 이러한 시 쓰기를 통해 우리와 세계가 행복하게 조응하는 방법 하나 제시한다. 빗소리와 세탁기 돌아가는 소리가 마치 "안과 밖에서 헹구어지고 맑아지고 있"는 것처럼, 내면의 정화를 가져오게 한다는 말에서 이를 확인할 수 있다. 시인의 일상은 자연이나 외부 세계의 변화와 만남으로써 자신을 되돌아보면서 반성하는 계기가 된다. 사소한 일상의 풍경이 세계의 한 조각이나 일부가 됨을 인식하는 일이다. 세상의 모든 소리와 빛깔은 마음의 결에 따라 얼마든지 미적 발견으로 나아갈 수 있다는 사실을 재확인하게 하는 시다.

갈색 바람 이는 어스름 사이로
가을 그림자 짙어져 오면
몸서리치는 쓸쓸함으로 나는 몸살을 한다

가슴보다 먼저 계절의 풍경 사이로 설움같이
가슴 치며 차오르는 것은 그리움이다

가을이 내려다보이는 창가로
나그네같이 찾아드는 외로움에
뜻 모를 한숨 한 모금 눈물방울같이 떨구며

보고 싶은 네가 내 곁에서
뜨거운 숨결로 머물고 있을 거라는 상상을 하면
어느새 텅 빈 가슴속으로
낯선 그리움들이 제집같이 몰려와 있다.

마음 하나 둘 데 없어 산천을 구비 돌다
이제야 남루 되어 찾아든 가여운 사람 하나
거친 손바닥으로 한없이 내 가슴을 두드리고
그러면 그가 나 같아서 또다시 가슴이 아려온다.

짙은 외로움들이 달아날 틈도 없이
또다시 가슴을 채우는 그리움의 모습들은
가을아, 네가 가져다주었느냐?
몸서리치는 쓸쓸함으로 나는 또 몸살을 한다

- 「가을 그림자 짙어져 오면」

 가을 이미지는 그동안 시에서 많이 표현되어 왔다. 가을이 유독 시인들의 사랑을 받은 까닭은 무엇일까. 아마도 조락凋落의 이미지 때문일 것이다. 곡식과 열매를 맺는 풍요로운 이미지 반대편에는 천천히 저물어가는 시간의 등을 타고 마침내 떨어질 일만 남은 생명의 운명을 떠올리면 될 것이다. 추운 계절을 예비하는 때이고, 싱싱하고 푸르기만 했던 생명의 건강함이 때를 다하고 죽음을 맞이하는 때이다. 이런 가을과 가장 맞아떨어지는 감각은 바로 쓸쓸함이다. 곁에 있는 생명들이 하나둘씩 떠나고 남은 자신을 돌아보면 누구라도 쓸쓸하지 않을 수 없다. 특히 가을 저녁이면 그 쓸쓸함이 더욱 밀려오곤 한다. 누구라도 가을 오후부터 저녁으로 넘어가는 시간에 낙엽이 지는 가로수나 오솔길을 걸으면 다른 어떤 계절보다도 유독 스산해지는 감정을 느낄 수 있다. 시인은 "짙은 외로움들이 달아날 틈도 없이/ 또다시 가슴을 채우는 그리움의 모습들은/ 가을아, 네가 가져다주었느냐?/ 몸서리치는 쓸쓸함으로 나는 또 몸살을 한다"고 썼다. 몸살처럼 온몸을 부르르 떨게 하는 계절이 바로 가을이다. 가을에는 떠난 이들이 하나씩 찾아들고, 남겨진 시간의 잔등에 묻혀 흘러가야 하는 이 세계의 온갖 존재들의 그늘이 떠오른다. 가을이 남기는 풍경은 쓸쓸하게 떨어지고 추락하는 것들이 낯선 표정으로 바닥에 뒹구는 이미지로 가득 차 있다. 시인이 바라보고 느끼는 가을도 마찬가지다. 이러한 쓸쓸함은 그리움을 데리고 온다. 그리운 모든 것들은 온전하게 다시 함께 할 수 없는 지나간 사람과 풍경이다. 이 떠난 것들을 시인은 애타게 부른다.

  양재건은 내성적인 시적 표현을 통해 세계와 자아가 행복하게 합일하고 싶지만, 간혹 그러지 못하는 자신을 발견한다. 이는 오래전부터 시인에게 찾아온 고독 때문일지도 모른다. 이상과 현실이 어긋나는 경우를 자주 겪게 되면서 생긴 불화의 감정이다. 그에겐 모든 것이 온전하고 완전히 펼쳐져 있는 세계의 이상적인 상태를 그리워하고 갈구해 왔다. 그러나 현실 세계의 단단한 장벽 앞에서 번번이 좌절감과 낭패감을 맛보았을 것이다. 구체적인 체험을 말하는 게 아니라, 인간의 유한한 속성이 부딪칠 수밖에 없는 근본적인 한계 상황을 염두에 둔 말이다. 그래서 인간은 늘 자신만의 정신적인 안식처를 갈구한다. 물질적인 요건이 갖춰져 있다고 하더라도 늘 행복과 기쁨을 느끼지는 못한다. 이러한 실존적인 허기를 양재건은 시를 통해 형상화한다.

    무덥던 기억을 잠시 식혀주려고 비가 내렸습니다
    그사이 잠시 주춤하던 생각들이 또다시 분주해지고
    나는 불현듯 사막을 그리고 있었습니다
    나의 어깨가 힘든 낙타를 위로하고 사막여우는 잠시 자리
를 비웠습니다

    어린 나는 언제나 실수를 하고 그 실수로 자라서 어른이 되고
    거짓말쟁이의 친구가 되고, 여기는 거친 모래바람 속 사막
입니다

지금 나는 예닐곱 살에서 떠도는 부평초에 갇혀있습니다
이따금 생각이라는 것이 가까운 곳도 아니고
예상치도 못한 먼 곳으로 나를 데리고 주유하듯 합니다

낙타의 등에 실려 고비를 넘었을까요
잿빛으로 변한 밤하늘이 몹시 서럽게 제등을 훑고
어린 왕자처럼 나는 홀로였습니다
사막여우는 어느새 내 곁으로 다가와 나의 근심을 함께했습니다

빈집을 지키듯 사유의 숲은 적막 속에서 고단한 하루를 힘겨워했습니다
탈출을 도모하던 작은 잎 하나가 겨우 만든 틈새에서 나의 손을 잡았습니다

자유란 때로 질서를 교란해 해방감이 들지만
곧 내면 깊이 잠겨오는 혼돈으로 외로움에 갇히기도 합니다
갈 곳이 마땅치 않아 골목길 계단에 엉덩이를 쉬게 했습니다

골똘한 생각이 분주히 길을 만들고 나는 또다시
지친 낙타를 끌고서 사막을 거닐고 있었습니다
예닐곱 살의 고비를 넘지 못한 나는 늘 그러듯 실수를 하고
거짓말쟁이의 친구로 남겨져 있었습니다.

생각의 줄기 끝에 번데기처럼 매달린 나의 사막은 아직도 적막입니다
지친 낙타가 힘든 나의 어깨를 위로하고 나는 자리를 비웠습니다.

– 「나의 사막」

위 작품에서 느낄 수 있는 화자 자신에 대한 자책과 원망과 함께 시간이 지날수록 비례해서 성숙하지 못하고 있다는 자괴감이 가득하다. 시인은 "빈집을 지키듯 사유의 숲은 적막 속에서 고단한 하루를 힘겨워했습니다" "생각의 줄기 끝에 번데기처럼 매달린 나의 사막은 아직도 적막입니다"와 같은 구절을 통해, 폐쇄된 실존의 적막감을 노래한다. 실존의 위기의식이 잘 드러난 시라고 할 수 있다. 이러한 위기의식은 비단 시인뿐만 아니라 자아와 세계가 행복하게 합일했던 총체성이 가득했던 세계에서 벗어나 파편화되고 통일성이 깨져버린 근대 이후 개인이 마주하기 시작했던 존재의 불안과 궤를 함께 한다. 유한한 인간이 자신을 의식할 때 생기는 이러한 분열과 불안의식은 언제라도 자유와 해방을 위한 가능성을 탐문하게끔 추동한다. 하지만 해답이 없다는 사실을 뻔히 알기에 내면의 동굴 속으로 쉽게 들어가곤 하는 게 현대인의 뿌리 깊은 특징이기도 하다. 이 세상에 홀로 덩그러니 남겨져 있다는 의식이야말로 현대인의 의식을 대변한

다. 자신만의 사막을 상상하고, 그 사막에 광활하게 펼쳐진 상상의 영역을 넓히고자 하는 실존주의적인 개인의 속성을 위 작품에서 볼 수 있다.

저녁 창을 열고 바라본 하늘이
노을빛으로 창연하다

저문다는 것은 잊혀 간다는 것
그래서 더 이상 보여줄 게 없다는 것

오늘도 걷는 발걸음에 목적지는 찍혀있지 않다
그래서 더 이상 고비에 갈 일도 사막여우를 만날 일도 없다
는 것

저문다는 것은 때가 되었다는 것
우주의 저녁이 가까이 와 있으니 서둘러 떠나야 한다는 것

오늘도 심호흡 한 번으로 저녁을 맞이하며
한결 깊어진 눈빛으로 지나온 시간을 반추하고 있다

사랑한다는 것은 소망하는 마음의 결정체이기도 하겠지만
이별 또한 감내해야 하는 두려운 마음의 결정체이기도 하다

우리는 가물거리는 생각 속에서 나이를 먹고

더 이상 보여줄 게 없는 시간 속으로 조금씩 저물어 간다
-「저문다는 것」

  시 「저문다는 것」에서 시인이 아쉬워하고 있는 점은 시간이 지나 때가 되면 온전히 소멸되는 존재의 허무함이다. 사랑도 이별을 예비하는 일이며, 나이를 먹으면서 성숙하는 것도 "더 이상 보여줄 게 없는 시간 속으로 조금씩 저"무는 것이다. 이러한 허무 의식은 시인에게 존재의 허망함과 덧없음을 잘 보여주는 증표다. 이 세상을 살아가면서 느끼고 확인하게 되는 수많은 가치들, 이를테면 사랑이나 진실 등도 결국 자국을 지워버리고 허무의 심연으로 가라앉는다. 이러한 깨달음은 존재의 무의미를 드러낸다. 하지만 그렇다고 해서 삶이나 생명 자체가 의미가 없다는 건 아닐 것이다. 시인도 이를 잘 알고 있다. 저무는 인생에서 남는 게 있다면 그러한 인생의 허무감이나 쓸쓸함인데, 이러한 깨달음도 어쨌든 소중한 인식이다. 다른 한편으로 시간이 흘러 존재의 의미가 사라지더라도 지금 이곳에서 매순간 삶의 의미를 잡아내려는 의지다. 그리고 시인은 이러한 의지를 시로써 흔적을 남김으로써 삶의 의미를 상실하지 않으려 한다.

  사랑도 인생도 꿈같은 것이었습니다

  순하고 여린 것들은 내 곁에 오래 머물러주지 않았습니다

언 손을 녹여주던 정다운 이웃들도 어느새 떠나가 버리고
덧없는 세월만 휴지조각 같이 널브러져 있습니다

하물며
내 뒤를 바짝 달라붙어 따라왔었던
내 그림자마저도 내가 성가셨는지 꼬리를 감추었습니다

달빛 없는 밤길이 오히려 좋았습니다
그런 밤엔 발걸음 소리도 정겹게 느껴졌습니다

돌 속에 숨어있는 삼엽충 같은 화석이라도 되었으면 좋겠습니다
그러다 어느 미래에 깜짝 환생이라도 하였으면 좋겠습니다

내 몸이 내 앞으로 조금씩 다가오고 있었습니다
나는 게슴츠레 익숙한 내 몸의 전체를 바라보고 있었습니다

내 몸이 풍선 같이 부풀러 올라 허공으로 튀어 올랐습니다
내 몸이 봄이었으면 좋겠습니다
내 몸이 청춘이었으면 좋겠습니다
내 몸이 별이었으면 좋겠습니다

꼬리 감춘 그림자에게도 환한 별이 피어올랐으면 좋겠습

니다

별나무 그늘 아래 앉아 생각해 보니
사랑도 인생도 꿈같은 것이었습니다
- 「별나무 그늘 아래 앉아 생각해 보니」

존재의 슬픔은 모든 것이 사라진다는 자각에서 싹튼다. 시퍼렇던 청춘도, 시들 줄 모르고 싱싱했던 젊은 날의 사랑도, 꿈이 펼쳐져 하늘 가득 오색찬란한 공기만이 푸르렀던 날들도 결국 시간의 너울 앞에 출렁거리면서 사라지고 만다는 인식에서 슬픔은 싹튼다. 시인은 "순하고 여린 것들은 내 곁에 오래 머물러주지 않았습니다/ 언 손을 녹여주던 정다운 이웃들도 어느새 떠나가 버리고/ 덧없는 세월만 휴지조각 같이 널브러져 있습니다"라고 한탄한다. 결국 "사랑도 인생도 꿈같은 것이었"다는 생각에 이르게 되면 이 세상 소풍처럼 놀다 떠난다는 어느 시인의 말처럼 허무와 고독과 쓸쓸함이 가득한 이 세상이다. 다른 계절보다도 가을이면 자주 빠지게 되는 감성적 심리 작용은, 그만큼 사람 마음도 자연과 밀접하게 얽혀 있다는 사실의 반증이다. 시시때때로 찾아오는 쓸쓸함과 그리움을 언어로 드러내다보면 어느새 추운 계절의 문턱에 와 있다는 사실도 문득 알게 된다. 삶이란 어떤 수사로 꾸며도 결국 의미 있는 생명의 흔적을 남겨야만 한다는 점을 잊지 않는 이가 시인이다. 갈수록 미련과 아쉬움이 쌓이는 자에게 그림자처럼 따라붙는 그리움의 표정을 유심히 살피면, 그 속에 자신의 초췌한 삶의 궤적이 각인되어 있다는 사실을 알게 된다. 우리 모두는 다른 별에서 망명해 온 나그네라는 비유를 굳이 들지 않더라도, 우리 모두는 한번 스쳤다 지나가는 바람이나 먼지와도 같겠다는 점을 떠올린다. 시인은 이런 그리움과 몹쓸 존재의 한탄을 시로써 기록한다. 이번 시집도 그러한 기록의 일종일 것이다.

포엠포엠시인선 041

나는 쇼를 멈추지 못한다

양재건 시집

초판 1쇄 발행 | 2024년 10월 15일

지은이 | 양재건
기획·제작·편집 | 성국
디자인 | 성국, 김귀숙

펴낸곳 | 도서출판 **포엠포엠 POEMPOEM**
출판등록 | 25100-2012-000083

본　사 | 서울시 송파구 잠실로 62 트리지움 308-1603 (05555)
편집실 | 부산시 해운대구 마린시티 3로 37 오르듀 1322호 (48118)
출간 문의 | 010-4563-0347, 02-413-7888
팩스 FAX | 02-6478-3888, 051-911-3888
이 메 일 | poempoem@daum.net
홈페이지 | www.poempoem.kr
제작 및 공급처 | 산업디자인전문회사 두손컴

정가 13,000원

ISBN 979-11-86668-47-4 03810

* 저자와 협의 아래 인지를 생략합니다.
* 이 책의 저작권은 저자와 출판사에 있습니다.
  저자 허락과 출판사 동의 없이 무단 전재 및 복제를 금합니다.
* 잘못 만들어진 책은 바꿔드립니다.